【盛世风华系列】

# 政通人和

## 说说贞观之治那些事儿

姜正成◎主编

中国财富出版社

**图书在版编目（CIP）数据**

政通人和：说说贞观之治那些事儿 / 姜正成主编. —北京：中国财富出版社，2014.6

（盛世风华系列）

ISBN 978-7-5047-5000-6

Ⅰ. ①政… Ⅱ. ①姜… Ⅲ. ①贞观之治-通俗读物 Ⅳ. ①K242.105-49

中国版本图书馆 CIP 数据核字（2013）第281647号

**策划编辑** 王秋萍　　**责任印制** 方朋远
**责任编辑** 康书民　宋　宇　　**责任校对** 饶莉莉

---

**出版发行** 中国财富出版社
**社　　址** 北京市丰台区南四环西路188号5区20楼　　**邮政编码** 100070
**电　　话** 010-52227568（发行部）　010-52227588转307（总编室）
010-68589540（读者服务部）　010-52227588转305（质检部）
**网　　址** http：// www. cfpress. com . cn
**经　　销** 新华书店
**印　　刷** 北京柯蓝博泰印务有限公司
**书　　号** ISBN 978-7-5047-5000-6 / K · 0128
**开　　本** 710mm × 1000mm　1/16　　**版　　次** 2014 年 6 月第 1 版
**印　　张** 15.5　　**印　　次** 2014 年 6 月第 1 次印刷
**字　　数** 190千字　　**定　　价** 33.00元

---

# 前言

“贞观之治”是指唐太宗在位期间的清明政治。唐太宗以隋亡为戒，励精图治，实行一系列开明政策和措施，政绩卓著。隋朝修建了大运河并开创科举制度，大运河的劳民伤财是导致隋灭亡的原因之一，但这些却客观上促成了贞观之治的产生。

唐太宗虚怀纳谏，纠正错误；选贤任能，诚信待下，政治修明；宽简立法，慎择良吏，执法不避权贵；重视地方政治，慎择刺史，吏治较为清明；释放宫女，纵放鹰犬，提倡节俭；减少战事，轻徭薄赋，发展生产，缓和阶级矛盾；撰行《贞观氏族志》，抑制旧士族势力。由于执行上述政策和措施，贞观年间出现了牛马布野，谷价低廉，社会安定，国家富强的景象。

唐太宗还采取开明的民族政策，广设羁縻府州，安置东突厥降众，消除边患，缓解了民族矛盾，因而被北方各族尊称为“天可汗”；唐太宗遣文成公主和亲吐蕃，为汉藏两族的友好交往开了先河，对中国多民族国家的发展作出了贡献。

当时的年号为“贞观”（627—649年），故史称“贞观之治”。贞观之治是中国历史上足以同汉代文景之治相媲美的盛世。这是唐朝的第一个治世，同时也为后来的开元之治奠定了坚实的基础。

本书在尊重史实的基础上，详细描写了贞观时期唐太宗的一系列作为，给读者呈现出一幅唐朝盛世之景图。本书秉承一家之言，不足之处请读者们体谅，只是希望能让读者们在了解贞观之治的时候，作为一种参考。

编　者

2014年1月

# 目录

## 第一章 兄弟夺位，太宗登基

权力历来都是最热门的东西，皇位在封建社会始终是皇室成员争夺的焦点，李世民也没能逃脱。在皇权至上的时代，只有权力，没有亲情。李世民始终明白这样一个道理：这是一场你死我活的斗争，不想坐以待毙就必须先发制人。



## 第二章 君臣论道，励精图治

玄武门之变后，政局不稳；战乱之后，田园荒芜，人丁凋零；霜旱为灾，米价昂贵，百姓饥馑；加上频频侵扰唐朝的东突厥，边境州县骚动不安。因此，如何在这百废待兴的情况下治理国家，进而使李唐王朝长治久安？这使唐太宗和他的臣子们不得不结合施政实践从各方面认真细致地探求治国之道。

## 第三章　玄奘西行，名震印度

贞观三年（629年）闰十二月，著名僧人玄奘赴印度取经。取经归来，佛教盛行。



## 第四章　人才济济，良臣云集

唐太宗知人善任，用人唯贤，不问出身，初期延揽房玄龄、杜如晦，后期任用长孙无忌等，皆为忠直廉洁之士；其他如李勣、李靖等，亦为一代名将。此外，唐太宗亦不计前嫌，重用建成旧部魏徵，降将尉迟恭、秦琼等人，使得朝廷人才济济，政治更加昌明。

# 兄弟夺位，太宗登基

权力历来都是最热门的东西，皇位在封建社会始终是皇室成员争夺的焦点，李世民也没能逃脱。在皇权至上的时代，只有权力，没有亲情。李世民始终明白这样一个道理：这是一场你死我活的斗争，不想坐以待毙就必须先发制人。

## 兄弟争斗，意外重重

621年，在李世民以右领军大都督的身份，率领着唐朝大军一举歼灭了夏王窦建德、郑王王世充之后，东都洛阳终于归入了大唐的版图，李世民也因这一战而声名大噪。为了表彰他杰出的贡献，父亲李渊任命他为天策上将，掌握东都洛阳，并准许在洛阳开府。李世民顺势便在洛阳建立了自己的势力集团——天策府。在天策府中，李世民安置着自己所笼络到的大批人才。

天策府的成立让太子李建成极为不满，这个自成一派的机构不属于皇权的管制范围，和东宫赫然对立。李世民在这个机构中发展着自己的势力，这对于东宫来说，是一个非常危险的信号。一旦天策府的力量爆发出来，便会对东宫产生极大的威胁。

这一天，李世民按照往常来到朝堂上和众臣议事，但是李渊却颁布了一条让他吃惊的任命：任命段志玄为石州刺史，任命程知节为康州刺史。

李世民对此毫无准备，在吃惊之余还没来得及询问究竟，李渊便已经退朝了。回头一看，太子李建成和齐王李元吉正在得意地看着自己，李世民的心里便明白了：这一定是他们俩搞的鬼！他来到后宫，求见李渊，而李渊却说："现在石州、康州两个地方，都需要派放心的人去管理，我看段志玄和程知节两个人跟着你打了不少胜仗，很有才能，应该可以胜任。”

李世民说：“段志玄和程知节都是儿臣的属下，可是这件事儿臣之前并不知晓……”

话还没说完，李渊便冷冷地说：“你这是在责怪朕没有事先和你商量吗？”

随侍在侧的尹德妃也说：“皇上对两位将军的任命，是因为信任他们，难道秦王觉得这两个人不值得信任吗？他们可都是你的人啊！”

在和朝臣议事的时候，嫔妃是不能插嘴的。但是这一次尹德妃却堂而皇之地教训起了李世民，而李渊在一旁充耳不闻，丝毫不去理会。李世民心想：看来这件事，尹德妃也参与了，不然父皇不会对她置之不理的。可是李渊既然已经说出了这样的话，他又能说什么呢？他只好谦恭地说：“儿臣不敢，我只是担心这两人是武将出身，对于地方管理并不熟知，会辜负父皇对他们的一片信任。”

李渊摆摆手说：“没关系，学一学就会了。要是没有别的事，你便退下吧！”

李世民知道，李渊是不会跟自己再解释了，而本来想挽留这两人的想法也不敢再提，因为他知道答案只能是否定的。

退出皇宫之后，郁闷的李世民和段志玄、程知节相对而坐，杜如晦、房玄龄等陪侍在边上，看着秦王郁郁地饮着闷酒，房玄龄说：“看来这一次是太子向皇上建议，而尹德妃在边上煽风点火，才让程知节和段志玄两位将军被外派的。”

唐太宗画像

段志玄将杯中的酒一饮而尽，豪爽地说："此前太子曾经派人送我金银，被我拒收之后，我就知道他还会有其他招数。没想到却是要将我等外派，看来他是不希望我们待在长安。"

杜如晦说："现在，大家都知道天策府中的人是秦王的得力助手，太子也一定是看到了这一点，先是利诱，利诱不成之后便是削弱。外派到石州、康州等偏远的地方，一旦有什么事情发生，也帮不上忙。这就好比是将一只鸟儿身上的羽毛一根根拔掉，直到它不能再飞啊！"

大家都点点头，对杜如晦的分析表示赞同。李世民却说："如果这只鸟儿要一飞冲天，就要靠它丰满的羽毛。现在他们要拔掉它的羽翼，就形同杀死这只鸟儿一样！"

程知节粗着嗓门大声说："我等都是跟着秦王从战场上杀回来的，要我死并不难，可是要我这样憋屈地活着，实在遭罪。秦王，您要趁早打算啊！”

杜如晦等人也都看着李世民，希望他能对这个问题给出一个明确的答案。但是李世民却摇摇头，说：“不是时候，现在还不是最佳的时机。”

程知节和段志玄走了，天策府里一下子就少了两员猛将，但李建成削减李世民的计划却并没有到此止步。不久，北方突厥又一次进犯边关，李渊派了李元吉出兵剿灭。

李元吉领命后，对李渊说：“儿臣此次出兵，对于扫平突厥非常有信心。但是，希望可以有几员猛将跟随，与我一同出征，定能凯旋。”

李渊说：“你想要谁跟你一起出战，朝中的将领尽管挑选。”

李元吉说：“我大唐朝中武将云集，但尤其以尉迟恭、秦叔宝两人最为出众，不管是兵法谋略还是行军布阵，他们都是佼佼者，而且他们曾经跟随秦王和突厥有过一战。这一次如果能得两位将军相助，我想一定可以马到成功。”

李渊无所谓地笑了笑说：“两位将军是否愿意跟随齐王，一同出兵扫平突厥？”

秦叔宝、尉迟恭无奈地看了看秦王，李世民也无奈地看看他们。

两人只好跪谢皇恩，跟随李元吉出兵北征。

退朝回到秦王府，杜如晦和房玄龄等都非常气愤：“齐王手下也有不少能征善战的武将，但是他这次不带自己的人出兵，却非得带着秦叔宝和尉迟恭，这分明是想夺我们秦王府的人嘛！”

李世民无奈地说：“在朝堂之上，皇上钦点的将领，只能让他们随军出征了。”

房玄龄说："齐王主动提出的请求，又是在情理之中，皇上肯定会答应的。但是，从这件事看得出来，太子和齐王并没有放松对于秦王府的削弱，他们还在逐步对我们下手啊！"

杜如晦说："是啊，这一次已经发生了，我们毫无办法。那我们能做的只有防备他们下一步了，谁会是他们下一步要对付的人呢？"

房玄龄说："不管是谁，肯定是我们秦王府的人。所以，最重要的还是秦王您要想好，究竟该怎么办？"

李世民走到窗前，看着院子里灼灼盛开的桃花，想起曾经和几个兄弟在桃花树下的追逐玩闹。如今，那些岁月早就远去了。他凝神想了想，说："我只希望太子不要太过分，秦王府并不是俎上之肉，任他宰割！"

杜如晦所预测的并没有错，东宫对于秦王府的削弱计划并没有停止，而且下一个要下手的目标，正是杜如晦。

秦叔宝等出兵没有几天，刑部侍郎又对李渊上奏：现在刑部事多人少，大家都忙不过来了，急需一些有才能的人充实其中，才能满足处理事务的需求。李渊凝神想了想，说："现在各个部门的人都很紧张，连替补的官员也都上任了。一时间找不到合适的人，我看就再等等吧！"

这时，太子李建成忽然站出来，对李渊说："现在秦王府人才众多，而且多是闲职，不如就调几个人去刑部做事，岂不是很好？"

李渊说："这样也好，不知道秦王意下如何？"

李世民还来不及接话，李建成便说："秦王一向心怀天下，现在是为国尽忠的时候，既然都是为了皇上效忠，贡献几个人出来又有什么呢？我看你府中的杜如晦足智多谋，是个有才能的人，不如就调他到刑部去吧！”

对于这种以皇命为由的压力，李世民并不理会，他说：“我府中的人现在也非常紧缺，我正想着要搜罗一些有用的人呢。杜如晦在我府中一直做府属，大小事务都要经由他手，公务繁忙，恐怕一时间脱不开身啊！”

被李世民公然拒绝，李建成觉得非常没面子，他怪腔怪调地说：“秦王这么舍不得，难道是留着杜如晦另有谋划吗？”

李世民却淡然地笑着说：“为国尽忠，我当然是万死不辞。不过杜如晦这个人，又粗心，又愚钝。上一次，有传言说打了张婕妤的父亲，可见他是个莽撞的人，将这样的人交给刑部，我也怕丢了我秦王府的面子。”

两个人唇枪舌剑，你来我往。这一次，李世民坚决不让步，李建成有点气急败坏。看着两人斗来斗去，李渊摆摆手，疲惫地说：“那就先随便找一个人出来顶这个缺吧！”

在李世民的一再坚持下，杜如晦终于得以继续留在秦王府中。对李世民来说，房玄龄和杜如晦如同自己的左膀右臂，如果按照李建成的意思，将他们都逐一调离，那么剩下来一个孤零零的秦王，又能做出什么大事来呢？因此，这个提议遭到了李世民的坚决拒绝，哪怕为此会让李渊不快。

在削弱秦王府的计划中，李建成清醒地认识到天策府那些谋士、勇将对于李世民的重要性，因此他逐一对其进行削减，希望通过这个办法，让李世民的智囊团被分解，以达到削弱李世民的目的。在意识到这一点之后，李世民并没有坐以待毙，他为了维护自己的利益，逐渐和东宫的对立明朗化，开始寻找机会主动出击，而不再是被动地反击。野心勃勃的秦王岂是池中之物，他一直按兵不动，并不是对太子的恭敬顺从，而是希望可以找到最佳的出手机会。

李渊出身贵族世家，因此对于权力斗争引起的兄弟相残事件非常熟悉。作为唐朝的开国君主，在他年轻的时候并未想过这样的事情会发生在自己身上，然而社会的变化和命运的变迁却将他推到了一国之君的位置，坐在万人之上的龙椅上，他知道自己也必然要解决这样的权力纷争。宅心仁厚也许算是李渊的一大优点，却也算是一大缺点，因为这一特点，他不愿意看到流血，而一味想要抹杀矛盾，企图保持片刻的平和。孰料这样的处理方式，只会让矛盾更加恶化。

在李渊的刻意经营下，朝堂之上的兄弟之间在很长一段时间内都保持着表面的客气与谦和。对于这一结果，李渊还是非常满意的，于是，他便提议带着几个儿子和满朝文武一起出城围猎。

李渊带着群臣和三个儿子来到长安城外的山中围场，李建成忽然牵了几匹马过来，对李渊说："这是大宛进贡的名马，日行千里，而且善于奔跑，儿臣不敢专享，想将这几匹贡献给父皇和两位兄弟。"

李渊见太子这么宽厚，与弟兄之间又这么和睦，心里非常高兴。便对李世民和李元吉说："太子得了好马，都想着和你兄弟二人分享。今后你们更要和睦相处，才能回报太子的一番心意。"

李世民和李元吉忙谢过，李建成笑着说："这两匹马，红马矫捷稳健，正适合二弟；黑马温驯善驰，送给四弟再合适不过了。"

李世民上前牵住那匹不断喷气的红马，对李建成笑着说："你说得对，这匹马看上去脾气暴躁一些，不如黑马温驯，不过倒是我喜欢的。"

李建成说："我正是看着二弟的性子选的马，当然是要让二弟喜欢。

既然这样，不如我们兄弟来一场围猎比赛，看谁收获最多？”

听了这个提议，李渊和裴寂等众大臣都表示支持，让三个皇子在一炷香的时间内，看看谁能射获最多的猎物。李建成、李世民和李元吉领命后，分别上马，向山林奔驰而去。

李世民对于太子当众献马的举动非常不理解，如果是真心想送马，那就该在出发前相送，也好让他选择合适的马鞍匹配，顺便摸熟马的脾气。但是太子却临阵献马，而且是当着李渊的面，让他无法拒绝，不知道太子的葫芦里卖的什么药。

不过，当李世民带着疑惑向山林奔去的时候，这个问题便逐渐有了答案。这匹红马果然性烈，奔跑起来完全没有章法，虽然速度很快，但在树林中乱窜，李世民根本无法控制，还几度差点被摔下马背。没骑出几里地，李世民便发觉这是一匹还未完全驯化的烈马，李建成将他赠予自己，其心难测。

虽然李世民本来就是一名好骑手，一路上双腿夹紧，避免从马上摔下来，可还是抵不过大宛马暴烈的性子，在山道上被掀下马背。跟随在他身后的宇文士及急忙策马追上来，扶起李世民问道：“秦王，您没事吧？”

李世民拍拍身上的土，笑着说：“这匹马性子烈了一些，我没事。”

宇文士及忙说：“既然马性不熟，不如换一匹温驯的，不要伤着秦王。”

可是，李世民却坚持说：“没关系，今天我一定要驯服了它！”

还来不及再劝，李世民已经又跳到了马背上。宇文士及看着这个倔强的秦王，不明白这马既然这么难骑，秦王为什么还要再去骑？难道真的这

么想驯服一匹烈马吗？

宇文士及带着随侍一路狂奔追赶，再次赶上李世民的时候，发现他正躺在一棵树下，大口喘气。上前一看，李世民的脸上已经有了擦伤。宇文士及大吃一惊，上前扶起李世民说：“秦王何必一定要驯服这匹野马呢？还是保重您的身体重要啊！”

李世民无所谓地抹去脸上的血迹，说：“这匹野马倒是没有理由来伤我，只是有人想借它来达到伤我的目的。不过我相信死生有命，既然上天不让我在这个时候死，一匹马又能奈我何！”

宇文士及听出了李世民的意思，忙看看左右，低声对李世民说：“秦王切不可随便说话，以免引人猜忌。”

李世民豪爽地哈哈一笑，说：“我现在都快到生命的边缘了，要是他们想猜忌我，不管我做什么都会被找到理由的。”

策马回营之后，李建成和李元吉收获丰厚，唯独李世民不仅没有收获，还脸上带伤。这让李渊非常吃惊——原本善猎的秦王，怎么会忽然败了呢？李世民只是笑着看看太子，对李渊说：“儿臣疏于操练，骑术不精，所以未能为皇上斩获猎物，请恕罪。”

李渊看他带伤，也不加责怪，只是让他快点回去疗伤休息。

然而，李世民刚回到营帐，便听到传令，要他速去见皇上。带着满腹疑问的李世民刚步入李渊大帐，便感觉到气氛与刚才大相径庭——刚才还关心地问伤情的李渊，此刻忽然冷霜满面。裴寂、宇文士及等人随侍在他的身边，也都噤若寒蝉，而太子和齐王站立两侧，脸上流露出一丝得意的神色。

不明就里的李世民还未来得及开口，李渊便厉声道："好大胆的逆子，你认为你是什么人？！"

这句话让李世民更加摸不着头脑，他探询地朝宇文士及看去。宇文士及只是轻轻摇摇头，并不敢多做暗示。

李渊接着说："你今天落马，完全是自己对骑术的生疏，为什么又要诬陷有人要谋害你？"

听他这么一说，李世民心中顿时明白了。一定是有奸人进了谗言，将自己在山林中所说的话添油加醋转述给了皇上，才惹得李渊如此生气。

李世民忙跪在地上正欲解释，李渊却不给他说话的机会，冷笑着说："有人告诉朕，说你觉得自己有天命，早晚会成为天下之主，所以不会那么轻易被害。你说你有天命，所以区区一匹烈马害不了你。那么，秦王的天命自何处而来呢？"

这一问，让李世民真正明白了事情的严重性。告密之人不仅仅是转述他的话那么简单，更将他引入了大逆不道的境地。李世民忙否认说："儿臣并没有说过这种话，宇文士及可以为我作证！"

宇文士及也忙跪在地上说："秦王摔伤以后，只是说烈马难驯，并没有说其他的话。"可是，此时李渊已经听不进任何辩解，不管李世民如何叩头谢罪，都无法换取他的谅解，只是冷冷地让人将李世民羁押起来，等回到长安再说。

原本欢欢喜喜地出来打猎，却天降横祸。李世民在营帐中非常郁闷地对侯君集说："我本来以为可以和大家和睦相处，谁知道他害我之心不死。只要我有一丝疏于防范，便会落进他们的圈套。"

侯君集说："这次随行的人都是亲信，但没想到还是有人告密。看来我们身边已经被安插了不少东宫的人，秦王以后一定要多加小心。"

李世民点点头，说："我的处境，已经不能有任何松懈。这次被谋反罪名陷害，回到长安之后不知道皇上会怎么处置我，难道我就要止于此吗？"

在这场精心谋划的局里，李世民逃脱了烈马谋害的一环，却没有逃脱谗言的中伤。因为大意，他授人以柄，谋逆的罪名是最难洗刷的，而且其他人也担心自己被视为同党，所以不敢为这一罪名说情。作为当权者的李渊也最忌讳出现这一迹象，李世民无疑是撞到了他的枪口上。

正当李世民和天策府的谋臣们一筹莫展的时候，边关却忽然传来突厥来犯的消息。突厥颉利可汗与突利可汗联手，以前所未有的规模接连进攻唐朝的朔州、原州、并州、齐州和绥州等地，严重威胁唐朝的统治。李渊从朝堂之上遍选能人，发现还是派秦王出征的胜算更大一些。这让原本陷入困境的李世民得到了释罪的机会，李渊命他和齐王李元吉一同率军对付东突厥，戴罪立功。

李世民飞马来到边关，经过艰难的抵御才将突厥击退，并与颉利可汗结盟立誓。班师回朝之日，又受到了礼遇和欢迎。李渊只好不再提围猎谋反的事，将这一不快用李世民的军功做了抵消。

## 盈盈笑意，危机四伏

在大唐平定四方之后，一直不能彻底铲除的边防隐患便是突厥。从始毕可汗一直到他的继承人颉利可汗与突利可汗，虽然一直都和唐建立盟约，却屡屡到边关来犯，虽然不至于形成巨大威胁，但也让边防不宁。在一定意义上，李世民应该感谢突厥的不断骚扰，因为在和突厥的打打和和之中，他的军事才干才能被重视，成为在与太子博弈过程中的重要砝码。

对于秦王和太子不和的现状，李渊作为他们的父亲，不希望二子不和的消息传得太厉害，所以总是采取息事宁人的态度，岂料越是这样，矛盾越是尖锐。太子对李世民的不断壮大不能容忍，而李世民的野心也在一步步扩大。在经历过一段时间的酝酿之后，这种矛盾必然要像井喷一样爆发出来。

武德八年（625年），为了边关和平，李渊答应了西突厥的请求，进行和亲。同时在与东突厥的战争中，李道宗和王君廓等人都取得了良好的战绩，终于让唐获得了短暂的休息。虽然边关烽火稍熄，而朝堂之上的战争却愈演愈烈。

齐王李元吉在一次朝会之上，首先向秦王李世民发难，向李渊揭发秦王府的车骑将军张亮在洛阳图谋不轨，声称张亮在洛阳招兵买马，铸造兵器，有不臣之心。

李渊一听大怒，忙诏令张亮从洛阳赶到长安，问个究竟。洛阳本来是李渊分封给李世民的根据地，准许他在当地建立朝政机构，现在李元吉说张亮在洛阳谋反，杜如晦、房玄龄等人都极力建议张亮赶紧到长安请罪。李世民说："齐王居心叵测，现在让张将军来长安请罪，恐怕是有来无回啊。"

房玄龄说："当前的形势，皇上因为齐王的谗言而大怒，不管是不是事实都会因此而猜忌您。谋反不同于其他罪名，是不能轻视的。如果张亮不来长安，势必成为齐王造谣的证据，皇上也会深信不疑。若来了长安，只要他咬定并无此事，也许还能保得平安。"

张亮在洛阳招兵以及铸造兵器的行为，其实都是李世民授意的，之所以这么做，是因为李世民希望在洛阳培养自己的势力，以防不测。因为李渊曾经准许他在洛阳建立军政机构，所以这些行为都属于合法的范畴。但现在李元吉以张亮作为突破口，直指张亮谋反，是别有用心，手法可谓低劣。但因李渊极其忌讳地方拥兵自重，所以产生了让太子和齐王都非常满意的效果。

在房玄龄的坚持之下，张亮领命来到长安，被刑部严刑逼供。他在李世民的授意下，一口咬定自己没有私自招兵，只是常规的将士调配而已。李世民同时也在李渊面前为他求情，终于因为没有其他证据，只好放了张亮。李元吉的计划又一次落空。

计划一再不能得逞，让太子非常着急，他眼看着李世民一次又一次逃脱，深知自己再等待下去，机会只会越来越少。谋臣们为他出谋划策，徐师谟等人终于拿出了撒手锏："既然借刀杀人不能得逞，那么看来只有我们自己下手了！"

李建成问："自己下手杀了秦王？这么做岂不是太明显了？皇上是要怪罪的。"

赵弘智说："现在秦王的天策府发展越来越壮大，太子要想彻底铲除这个隐患，只有冒险一拼了！"

太子幕府魏徵也站出来支持这一计划，他说："自古以来的权力斗争，从来就没有不流血的。既然您已经下定决心要铲除秦王，而秦王一再逃脱，这么继续下去，只有打草惊蛇，让秦王越来越有防备，我们的机会就越来越少。倒不如一次制敌，来个速战速决。到时候木已成舟，皇上就算怪罪下来，也拿太子没有办法。"

在众臣的建议下，李建成终于下定决心要彻底铲除李世民。武德八年（625年）六月的一天，他向齐王、秦王以及李神通等将领发出邀请，请他们到东宫赴宴，想要在酒宴之上借机杀死李世民。

李世民虽然知道太子图谋不轨，但也不能拂了太子的好意，接到邀请之后，带着尉迟恭、侯君集等人欣然而来。是时，李建成在厅外给亲随们单独设宴，让尉迟恭、侯君集留在外面用酒，自己亲热地拉着李世民的手来到筵席之上。

酒到酣处，太子对李元吉、李神通等人说："我大唐的江山有一半都是靠了秦王，若没有秦王出生入死、浴血而战，哪有今天盛世太平？我等应该一起敬秦王一杯！"

众人皆附和着说："秦王神武，应该敬一杯！"

李世民谦恭地说："天佑大唐，有皇上和太子的福荫，才有战场上的胜利。"说着端起酒杯，李建成却一把拉住他的手，说："我宫中有皇上御赐的好酒，一直都舍不得喝，今天就请二弟和我分享。"说着，拿起一把酒壶为李世民满满斟了一杯，又转而给自己斟满一杯，端起酒杯说："希望你我兄弟可以一直这样好酒共饮！"

原本心存疑虑的李世民，看到李建成也用同样一只壶给自己斟了酒，便放心地端起酒杯谢过太子，一饮而尽。可他不知道，太子手中的酒壶中暗藏玄机，一只酒壶装着两种酒，只要在倒酒时稍加控制便能转天换地。

李建成看他喝完，热情地又为他倒满一杯，刚要劝他再饮，身旁的李神通却忽然站起来，对李世民说："我和秦王一起出征过很多地方，要是没有秦王的谋略，恐怕我早就从战场回不来了。我也要敬秦王一杯！"

说着，便端着酒杯过来要敬酒，李元吉忙一把拉住他，说："太子和秦王还没有喝完，你就等会儿再敬吧！"已经有点醉意的李神通却甩开李元吉的手说："我和秦王是在战场上的生死之交，怎么能不敬酒呢？"踉踉跄跄便朝李世民走来，刚走到跟前却一不留神，脚下一绊便一下扑倒，打翻了李世民眼前的桌案，连同杯盏滚落在地上。

突然生出的变故，让李建成和李元吉迅速交换了一下眼神。李元吉上前扶起李神通说："你喝多了，还是早点回去休息吧！"李神通却拉着李世民的袖子说："我一定要和秦王喝一杯。"纠缠着不肯离去。

原本就要喝下太子所赐的酒，却被李神通打断，李世民只好站起来扶住李神通，说："你喝多了，改天我们再一起喝酒，今天就先到这里吧。"又回头对李建成说："我先到门口找人送他回去，再回来陪太子饮酒。"

李建成“呃”了一声，刚想阻拦，李世民已经扶着李神通来到外厅随从饮酒的地方，让人叫来李神通的跟随，带他回府。

刚送走李神通，被外面的冷风一吹，李世民忽然觉得胸口一阵发热，紧接着腹内绞痛，一口鲜血喷了出来。尉迟恭和侯君集一看，忙上前扶住李世民，紧张地问：“秦王，怎么了？”

李世民虽然腹内绞痛，但是大脑中迅速思索了一遍，自己不可能突然发病，一定是刚才的酒里有毒。他忙对尉迟恭说：“你去告诉太子，就说我身体不适，先行告退。”又对侯君集说：“快快备马回府！”

齐王和太子举着酒杯等了半天，也不见李世民回来，却见尉迟恭进来禀告说：“秦王身体不适，先行回府了，请太子和齐王见谅，改日再来请罪。”

魏徵等谋臣见状忙劝太子派人追杀，但李建成觉得秦王已经中毒，不用再追杀，犹豫不决的时候也就给了李世民时间，让他逃回秦王府。在及时的救治之下，李世民居然痊愈了。

对于此次赴宴吐血，李世民全盘汇报给李渊。而李渊眼看二子相残，却不愿外扬，只是对李建成说：“秦王一向不能喝酒，以后就不要再请他夜饮了！”

对于李世民，李渊心中也觉得多有愧疚，便说：“太子是你的兄长，朕不能轻易就废掉他。但是你们兄弟又如此不能相容，朕看你还是去洛阳吧，在那里朕可以将陕西以东的地方都归你管理，也可以赐你使用皇帝的仪仗，比长安要好多了。”

这个处理办法也只有一心想要息事宁人的李渊可以想出来，但既然皇上已经开口，裴寂等人也不好再插嘴。这一切看上去非常荣华，以皇帝的仪仗生活在洛阳，其实一点都不输长安的生活。可是，这不是李世民所想要的，离开长安对他来说就意味着失败，他要在这里夺取自己想要的东西。他跪在李渊的脚下，情真意切地说：“父皇年纪越来越大，要我离开长安，就要远离父亲，我怎么能做到呢？我不放心就这么离开您，就请准许我一直守在您的身边，就算危机四伏，只要能每天见到您，在您膝前尽孝，我死也甘愿了。”

在李世民的坚持下，他继续留在了长安。

虽然李建成对他直接下杀手差点要了他的命，可李世民不仅逃过一劫，而且成功获得李渊的同情。所以在这一次斗争中，李建成依旧没有能够得手。矛盾没有得到彻底的解决，势必会进一步激化。李世民已经认识到自己被逼到了绝境，再不反击就只能使自己更加身陷险境，而经过长久等待和积蓄的力量，也将在反扑之中爆发。

在东宫夜饮事件发生之后，虽然李渊依旧以掩饰为主，希望可以安抚秦王和太子之间的矛盾，但这种办法并不能起到任何作用。太子和秦王的斗争已经被摆到了桌面上，满朝文武都各有倾向，齐王李元吉更是为了打击秦王而马不停蹄地奔走。他先后以李世民奖赏将士、收买人心、久战无功等理由向李渊告状，希望可以促使李渊下令处死李世民。但因为军功卓著，又没有明显的叛乱行为，李渊也找不到对李世民问罪的理由，加上裴寂、萧瑀、陈叔达等李渊的重臣都倾向于秦王，不断为李世民说情，所以暂时为李世民赢得了时间。

李建成和李元吉因为数次不能得手，对于李世民的恨意已经无法掩饰，而李世民虽然也一直在积极部署，却下不了决心向李建成发动最后的攻击。眼看着秦王府在太子的主使下逐渐被分化，房玄龄、杜如晦等人都被调到了其他地方去任职，并且被李渊强令不许再和李世民见面，理由便是防止他们挑拨离间太子和秦王的关系。而这种治标不治本的办法，只能让矛盾更加恶化。

被调走之后，房玄龄对长孙无忌说："现在太子和秦王已经不能共存了，齐王和太子的联盟针对秦王府的举动已经不加掩饰，嫌隙越来越大，而皇上却还希图将这种裂缝缩小。如果真的出了祸事，那将不仅是秦王府的灾难，更是社稷的不幸啊！"

作为秦王府最被信任和重用的谋臣，长孙无忌跟随李世民多年，又是天策府主要成员。他的看法和房玄龄是一致的，他对房玄龄说："我所想的，正是你所说。一直以来，我们都不敢把这件事拿出来讲，但是现在，太子对秦王的不容之心已经大白于天下。如果这么下去，秦王肯定危险了。"

房玄龄说："所以我们不能再继续等待下去了，应该劝说秦王尽快下决心动手，不然一切都晚了。我现在被命令远离秦王府，因此无法再向秦王建议了，就请您将我的意思转告给他，希望秦王尽快采取行动，这才是保家保国的根本办法。"

长孙无忌将房玄龄的话转述给李世民，而屡遭不测的秦王却依然说："就算是太子对我不利，我也不能先于他动手，这样岂不是授人以柄，让天下人耻笑吗？"

长孙无忌说："自古成王者都要在危急时刻采取特殊手段，如果我们不先动手，而只是一味等待，势必会给太子机会，只怕我们想反扑也没有机会了。"

李世民说："我在天策府中所做的准备也很充分，就算太子想要对我不利，一时半会儿也不会得逞。我也相信他不敢赫然违背皇上，对我直接下手。这些危机是存在的，但并没有你们所想的那么严重。"

虽然一再劝说，而李世民却下不了决心。房玄龄、长孙无忌等人都非常失望。但没有多过久，李世民的想法忽然出现了转变，而真正让这件事出现转机的，却是由于一个名不见经传的小人物。

在李世民和太子都暗中筹划的时候，忽然从东宫中逃出一个率更丞，名叫王郅，他本是东宫中的一名小官，一直不被重用，眼看着东宫和秦王府斗得越来越凶，他敏锐地发现自己的机会来了。在一次当值时，王郅偷听到李元吉和李建成的对话，他连夜逃出东宫，直奔秦王府告密。

长孙无忌带了这名告密者，将他领到李世民的面前。李世民问他："你为何要来投奔我？"

王郅叩头说："太子残暴，天下人都希望秦王您得胜。只是现在太子企图谋害您，小人知道了消息，便赶来向您汇报。"

李世民问："你知道什么消息？"

王郅便将自己所见所闻全盘托出："我昨晚当值的时候，听到齐王对太子说：'现在，我利用皇上，让秦王府的骁将勇兵都跟随我出城伐敌，这一次杀死他的机会也就来了。'太子说：'能有什么机会？'齐王对太子说：'过几天我出兵的时候，你便假借为我饯行，请秦王一起到昆明池，到时候在幕布后面掩藏勇士，秦王一到就将他拉下去杀了，对外就说是暴毙。'太子说：'这个办法甚好，只是秦王府的那些人肯定也不会顺从我们。等杀了秦王，你我掌握了朝政，就将尉迟敬德、侯君集、长孙无忌这些人全都坑杀，到时候就天下太平了！’”

李世民一听这话，气得两眼圆睁，厉声问王郅：“他们果真是这么说的？”吓得王郅赌咒立誓，声称句句都是亲耳所闻。

长孙无忌忙上前说：“秦王你看，我们一天不动手，他们便会一天谋划如何杀我等，这么等下去，只能是等死啊！”尉迟恭、张公瑾等武将一个个剑拔弩张，对李世民说：“您一向是仁厚孝顺之人，为了皇上安心，不愿意与太子为敌。可是现在这个时候，您再孝顺下去，我们就都要没命了。太子已经决意要杀我们，箭在弦上，我们只有抢占先机，才能确保活命啊。”

李世民说：“我虽然知道太子有杀我之心，但是这么明目张胆地动手，从他一向的个性来看还是有些突兀，我不能这么轻易就相信一个叛逃的人所说的话。”

长孙无忌叹了一口气，说：“王郅是因为心向秦王，所以才跑出来向您告密的。您难道一定要等到被人拿刀砍头，才相信吗？”

李世民皱着眉头，陷入矛盾中。长孙无忌看他这样，便说：“既然这样，如果我们真的收到请帖，请您去昆明池，那么就能证明王郅所说是真的，太子是要在昆明池下手杀您。”

李世民点点头说：“那我们就等一等，看太子会不会真的邀请我去昆明池为齐王饯行。”

心怀最后一丝希望的李世民，还是不愿意相信太子和齐王会如此明目张胆地对自己下手。然而当天便有东宫派来的人呈上了一份请柬，不仅邀请秦王去昆明池赴宴，还以为齐王饯行之名，号称兄弟们要欢聚一堂，请秦王轻装简从前来。这封请柬终于让李世民最后仅存的一道防线被击破，看来太子是真的打算下手了。

李世民让自己慢慢冷静下来，对长孙无忌说："我已经下定决心，这一次一定要将太子和齐王一起消灭。你快去找房玄龄和杜如晦，让他们来见我，共同商议御敌之策。"

长孙无忌带着李世民的命令来找房玄龄和杜如晦，可是房、杜二人对于李世民的决心并不相信，他们担心李世民只是一时的怒气，过不了多久又要取消行动，便对长孙无忌说："皇上已经严令不许我们再见秦王了，如果一旦被发现，是要被砍头的。所以，我等不敢去见秦王。"

长孙无忌说："秦王此前是没有下定决心动手，但这一次是情势所迫，不得不向太子发难了。这一次迎接二位回去，就是要商讨这件事。"

房玄龄说："我此前已经进言，但是秦王比较犹豫，所以才一次次将自己伤害，这一次秦王与太子为敌，我等也只能自求多福。现在要是违背皇命，恐怕又要让太子在皇上面前中伤，到时候就自身难保了。"

李世民听了长孙无忌带回来的话，果断地解下自己腰间的佩剑交给长孙无忌，对他说："你以此剑为信物，让房、杜二人看看，让他们知道我这次是决意要起兵消灭太子了。"

房、杜二人看到李世民的剑，终于相信这次秦王是下定了决心。于是，当夜二人乔装打扮成道士模样，悄悄进到秦王府，与李世民商议此次政变的细节。

在李世民和李建成长期的对立过程中，两派人都在不断寻找机会消灭对方。李建成和李元吉所结盟的一派，更多地倾向于主动出击，他们不断在李渊面前进行诋毁、陷害，又设下陷阱对付李世民。

这些措施虽然都在一定程度上影响了李渊对于李世民的信任，却没有起到真正意义上的消灭秦王一派的作用。在这一过程中，李世民虽然多次以被动接受的方式被拉到斗争中，但并不代表他没有准备，他也在暗中部署和谋划着自己的行动方案，只是因为忌惮李渊，加上时机不好，而没有采取主动行动。

太子与齐王设计的昆明池饯行计划败露之后，李世民认识到自己光是被动应付是不足以抵御太子、齐王的进攻的，于是开始设置圈套，在斗争中主动出击，以便掌握先机。昆明池事件成为这场旷日持久的暗斗的转折点，改变了策略的李世民迅速将这场斗争推向了顶峰。

## 玄武之变，终登皇位

在持续了数年的明争暗斗之后，李世民开始积极筹划对东宫的反扑，立誓要将李建成和李元吉的联盟击破，并且不给他们任何机会。

久经沙场的李世民深深明白这个道理：一旦不能一招制敌，势必引来更凶猛的反扑。因此，他下定决心要消灭太子一党，他开始从一只蛰伏的雄狮变成蓄势待发的利箭，他要求自己一发必中。

在房玄龄、杜如晦、长孙无忌等人都悄悄在秦王府中集合之后，李世民说："我本来怀着仁厚之心，不愿意让父皇看到兄弟相残而伤心。但是太子和齐王步步紧逼，并不因我们是一母同胞而留有丝毫余情。既然是这样，我只能奋起出击了。”

房玄龄说：“东宫和秦王府已经势不两立，若是秦王还心存幻想，希望太子会因为兄弟之情而幡然悔悟，那就太可笑了。现在，我们只能挥戈相向，找个办法让皇上治太子的罪，才能为社稷求得安宁。”

众人皆点头称是，可是长孙无忌却说：“此前杨文干谋反之时，太子作为主谋，却被皇上赦免。可见皇上对于太子的宠爱远胜秦王，我们如果再想通过皇上来让太子受到惩罚，似乎不太可能了。就算能找到证据再以谋逆之罪告到皇上那里，也不一定会扳倒太子，所以我们一定要找其他办法。”

其实，对于李渊的期望，李世民早就已经放弃了。李渊眼看着李建成做出企图谋逆、戕害兄弟等行为之后依旧保护太子，李世民便对李渊失望了。他明白，在李渊的天平上，虽然他李世民建立了无数军功，被赐予了很多荣耀，却依旧抵不上太子重要。而谙熟兵法的他也明白：敌人用过的招数，自己不能再用。李建成对他设计圈套、在皇上面前诋毁诬陷等策略，都起到了一定作用，如果自己再去效仿，也许不仅不能取得效果，还会让太子占了先机。所以，他要做的是太子从未做过的。

李世民对众人说：“太子一向不能容我，杀我之心不死。这一次又在昆明池设计害我，既然这样，我又怎么能坐以待毙！我只能在他杀我之前先动手，而且我要一招制敌。这也是为了国家社稷，为了大唐的安宁。”

房玄龄说：“我们要对太子下手，必然要找到一个合适的地方。现在长安城中到处都是太子的人，就连皇宫中也都是太子布下的阵防，哪儿才最合适呢？”

看众人沉默，李世民说："玄武门的守将敬君弘曾经是我的部将，跟随我南征北战，在平定窦建德的战役中表现突出，被我推举驻守玄武门，是可以信任的人。现在长安城里要想找到可以下手而不被打扰的地方，可能就只有玄武门了。"

房玄龄一听大喜，说："玄武门是进宫必经之地，皇上现在又住在靠近玄武门的临湖殿。只要我们能将太子引到宫中，让他朝拜皇上，必然要经过玄武门，就能找到下手的机会。"

这一点很快便获得了大家的赞同。侯君集、尉迟恭等人说："我们可以先去玄武门做好埋伏，一旦太子出现，便可以动手杀了他。"

可是长孙无忌却说："那么又怎么能将他引到玄武门去呢？平时太子朝拜，我们都掌握不到行踪，而且多有随行，也难找到机会。"

这个问题难倒了大家。就算是做好了万全的准备，李建成不出现，也是白搭。众人都开始沉吟思索，李世民说："要让太子去朝拜皇上，就不能是太过激烈的理由。如果是谋反这些罪名，估计太子就不敢进宫面圣，反而是逃走了。"

长孙无忌说："如果理由不够，皇上又觉得没有必要召见太子，那我们的辛苦就付诸东流了。"

大家又一次陷入沉默中，过了半晌，杜如晦说："太子常入宫，其实并不是拜见皇上，很多时候他是去后宫。"

房玄龄说："尹德妃和张婕妤两人与太子的私交非常好，这是大家都知道的。"

杜如晦说："既然这样，我们能不能在这件事上做一些文章呢？"

房玄龄想了想，一拍手说："对啊！我们可以向皇上告密，就说太子淫乱后宫。这条罪名可大可小，宫里又一直传有太子与尹德妃、张婕妤过从甚密的消息，皇上一定会召见太子。而太子觉得自己被冤枉，也一定会进宫去做解释。到那时，我们就可以在玄武门等着他自投罗网了。"

众人对这一说法都表示赞成，李世民也表示赞同，便连夜写了奏折，揭发太子与尹德妃、张婕妤秽乱宫廷，有损尊严。同时说太子和齐王有意谋害自己，让李渊不得不将李世民也同时召入宫中询问。

武德九年（626年）六月四日的早晨，李渊打开李世民的奏折一看，勃然大怒，便诏令太子李建成和秦王李世民进宫到临湖殿面圣。

这边东宫接到的消息说，秦王在皇上面前告了一状，说太子淫乱后宫，皇上大怒，命其进宫一问究竟。李元吉说："我们现在兵马都已经部署得差不多了，而秦王此时忽然陷害，诏令太子进宫，肯定不会有好事。不如太子就称病在家，暂时不去朝拜，静待事情发展的情况，再做打算。一旦秦王有所举动，我们就起兵将其制伏。"

李建成却摇摇头说："我莫名其妙背上这样的罪名，皇上对我的信任肯定有所降低。而且我现在部署严密，长安城到处都有我的布防。薛万彻、谢叔方、冯立等得力的部将也都做好了随时作战的准备，你就不用担心了，只要进宫向皇上解释清楚这些，秦王的谎言就会不攻自破，到时候我们就可以动手了。"

在李建成的坚持下，他带着齐王以及部分亲随进宫到临湖殿面圣。途经玄武门时，太子忽然发现情况不对。原本守卫森严的玄武门今天没有几个人看守，城门上的守将个个面目紧张。发现端倪的李建成忙将自己的疑惑告诉了李元吉，两人勒住马头打算撤回东宫，却见李世民全副武装，带着一队亲随迎面而来。

李世民看到太子和齐王想要逃走，便朗声道："太子、四弟，你们不是来见皇上的吗？怎么还没见到就要走？"李建成见状忙策马想要逃出宫去，李世民已经开弓拉箭，一箭正中太子后心。

眼看着太子应声落马，李元吉大骇，忙扭转马头想要直冲向李世民，与其决一死战。孰料李世民身边猛将尉迟恭早已等候多时，一箭正中眉心，将其射落。

变故在瞬间发生，所有的人都惊呆了，太子的部下顿时一哄而散。李世民命人将他们收拢，一个个都拘押起来，但依旧有漏网之鱼逃出宫去，向宫门外守候的太子护卫队呼救。不一会儿，薛万彻、冯立等太子的部将都率兵赶到玄武门。

这一边，李世民带着尉迟恭、侯君集、张公瑾等人，连同玄武门守将敬君弘，死守城门。另一边，太子翊卫薛万彻、车骑将军冯立也率兵猛攻。薛万彻眼看城门守得严固，便对冯立说："秦王带着部将都在这里死战，秦王府一定缺人把守，你且在这里攻城，我率军去攻打秦王府！"

李世民一看薛万彻率军撤退，要去攻打秦王府，不由得一阵发慌，此时的秦王府中只有老幼家眷，薛万彻一去必然全部被俘。正焦急间，尉迟恭跃然上马，将李建成和李元吉的人头砍下来，挂到城门之上，对冯立、薛万彻说："你们的主子已经死了，你们还想做什么？"

众人一看太子和齐王已然被杀，顿时斗志涣散，很快便被秦王军队击溃，而薛万彻和冯立也仓皇逃出长安去了。

玄武门之变以李世民的完胜告终，虽然在整个事件的过程中，李世民也多次以身涉险，但他果断下令杀死李建成和李元吉，为自己赢取了最后的胜利。

玄武之变两个月后，李渊让位给李世民，李世民在推辞了三次之后，改元贞观，坦然地坐上了自己期盼已久的位置，全权掌握了这个国家。

# 第二章 君臣论道，励精图治

玄武门之变后，政局不稳；战乱之后，田园芜芜，人丁凋零；霜旱为灾，米价昂贵，百姓饥馑；加上频频侵扰唐朝的东突厥，边境州县骚动不安。因此，如何在这百废待兴的情况下治理国家，进而使李唐王朝长治久安？这使唐太宗和他的臣子们不得不结合施政实践从各方面认真细致地探求治国之道。

## 探求前朝，群臣论道

武德九年（626年）九月，李世民划定了功臣的爵位，命陈叔达当面宣读，征求功臣的意见。这时，有功的将领纷纷争取功名。淮安王李神通说：“高祖举义旗于太原，是我率领众人率先在关中响应；而房玄龄、杜如晦等只是一些文臣，今日爵位却居我之上，臣心中实在不平。”唐太宗道：“义旗初起，虽然是叔父您首先响应，但也是为自己避祸。后来与窦建德战于山东，全军覆没。看到刘黑闼起兵，您又率先撤退逃窜。玄龄帷幄运筹，坐安社稷，论功行赏，他们所建立的功绩均在您之上。叔父是皇家至亲，朕对您非常尊敬，但不能因徇私情而滥赏啊！”一席话说得李神通等人心悦诚服。原秦王府旧人中没升官的也有怨言，说我们侍奉陛下多年，今日封官反不如原李元吉、李建成的手下。房玄龄将此事告诉唐太宗，唐太宗解释道：“只有大公无私，这样的帝王才能服天下人心。朕与诸公的衣食，都取之于百姓。因此设置官职，应为百姓着想，任人唯贤，怎能以新旧为先后呢？”

不久，唐太宗和群臣讨论如何杜绝偷盗行为，有的主张用严刑重法禁止，唐太宗认为不可，并说：“民所以为盗，是因为赋役繁重，官吏苛刻，饥寒交迫，才不顾廉耻呀！朕要轻徭赋，节省开支，选用廉吏，使民衣食有余，自然不去为盗，这样严刑重法根本就派不上什么用场了！”他还对群臣说：“君靠国家，国家靠百姓。苛刻地剥削百姓供奉君主就像自己割自己的肉吃，结果只能自取灭亡，君富而国亡。因此人君的祸患不是外来的，而是由自身引起的，贪图享乐只有浪费钱财，浪费钱财则赋税苛重，赋税苛重则百姓愁苦，百姓愁苦则国家危机，国家危机则君主灭亡。这一道理经常在我脑海里出现，因此不敢纵欲。”十二月，益州大都奏獠人反叛，督请发兵镇压。唐太宗道：“獠人依据山林，有时抢掠，是其习俗。如果地方官能以恩信抚慰，獠人自然降服，怎可妄加杀戮轻动干戈？”

唐太宗励精图治，他闻听景州录事参军张玄素是一位贤明之人，便召见访问为政之道。张玄素认为：“隋朝不信任群臣，皇帝个人独揽大权，大臣们惧怕，只知遵命照办而已。处理天下如此繁杂的政务却仅仅凭借一个人的智慧，即使得失各半，也已经谬误百出了。况且这也导致下面讨好奉迎，上面孤陋寡闻，岂有不亡之理！陛下如能慎择群臣而大胆使用，根据他做事的效果进行赏罚，何愁不治！此外，臣观隋末大乱，其实想争天下的不过十余人而已，大多数都为了保全宗族妻子，等待有道明君的出现。可知百姓中只有极少数的人好乱，问题是人主不能使之安居乐业。”唐太宗听罢很是赞赏，张玄素也立即被提升为侍御史。

贞观元年（627年）正月，唐太宗设宴款待群臣，命奏《秦王破阵乐》。席间唐太宗道：“朕从前受命征伐，这支曲子便在民间流传，虽非文德雅乐，但功业也确是由此而成。因此奏此乐以示不敢忘本。”封德彝附和道：“陛下以神武平海内，文德怎能与您的武功相比呢？”唐太宗却又说：“平定战乱靠的是武力，而治理天下则需要有文德，文武之用，都有它们各自适合的时候。你说文不及武，此言差矣！”

不久，御史大夫杜淹面奏：“诸司衙门的文件，恐怕有差误，请让御史们检查。”唐太宗向封德彝询问他的看法。封德彝答道：“设官分职，各有权限。违法乱纪的现象如果出现的话，御史自应弹劾。若遍历诸司，查找纰漏，恐太烦琐。”杜淹听后默默无语。唐太宗问杜淹为何不再论奏？杜淹答道：“天下之事，都有其理，如果是正确的，就应该听从。封德彝所言，比较符合执政的道理，令臣心服，不敢妄自评价。”唐太宗听罢大悦，说：“你们如果都是这样，朕还有什么可担忧的。”

闰三月，唐太宗对太子少师萧瑀道：“射箭是我年少时喜爱的活动，得到十余张良弓，自认为是天下的极品。最近拿给弓匠看，他却说全不是好弓。朕问为何？弓匠回答道：‘用来作弓的木头，木心不直，脉络偏邪，虽然弓的力道强劲，但发出的箭不直。’朕这时才明白从前并不真正懂得什么是好弓箭。朕以弓箭定四方，并不能把握其好坏程度，何况天下事，怎能无一不晓呢？”遂命在京五品以上的官员在中书省内轮流值班，并多次召见，访问政事得失及民间疾苦。

五月，有人上疏请清除佞臣。唐太宗问佞臣是谁？这人答道：“臣居住在偏远的草野之地，不能确切知道是谁。但望陛下与群臣商议政事时佯装大怒，凡是执理不屈的，就是直臣；而畏首畏尾，不敢与您争辩的，就是佞臣。”唐太宗道：“君是源，臣是流，源头浑浊却想要下游清澈，是不可能的。君若自身欺诈臣子，怎能要求臣下正直呢？朕正以诚治天下，不能采纳你的权术。”十二月，尚书右丞魏徵被告发违法庇护亲属，唐太宗让御史大夫温彦博审查，结果发现根据没有事实。但彦博奏道：“魏徵平日不拘小节，才引起这样的嫌疑。虽然心中大公无私，这点也应责备。”唐太宗遂叫温彦博告诫魏徵今后要谨小慎微。不久，魏徵进谏，对唐太宗严肃地说：“臣听说君臣同体，应以诚相待。若上下都不为国家社稷着想，只谨小慎微地躲避嫌疑，就难以预料国家的兴亡了。陛下的告诫臣实不敢苟同。”唐太宗突然明白过来，说：“朕已知错了。”魏徵又道：“臣有幸侍奉陛下，请让我成为一名良臣，而不是一名忠臣。”唐太宗困惑不解地问：“良臣、忠臣间还有区别吗？”魏徵答道：“契、稷、皋陶（传说中辅佐尧、舜、禹的大臣）是良臣，龙逄饵（桀的大臣）、比干（商纣的大臣）是忠臣。良臣与君同心协力，自身获得赞誉，君主的名号得以显扬天下，子孙传世，福禄无疆；忠臣面折廷诤，诛戮身体，君陷大恶，家国并丧，空有其名。由此而言，相差甚远。”唐太宗连忙称道，并赐绢五百匹。

一日，唐太宗对黄门侍郎王珪道：“国家置门下、中书两省，意在相互制约。如果中书省草拟的诏敕有什么闪失，门下省本应加以驳正。人的见解，互有差异，彼此辩论，求取正确；己错从人，有何关系？近来有的因护短饰非，相互怨恨；有的为避免私怨，知错不纠。只顾一个人的情面，不惜造成万民的大祸患，这是亡国之政。隋炀帝时，内外官员一味逢迎阿谀，当时都自以为聪明，祸不及身，待至天下大乱，家国两亡。即使有少数侥幸得免，也是会受到各种群众的舆论谴责，遗臭万年。望你们大公无私，不要学炀帝朝的官员。”

唐太宗还对侍臣说：“朕听说西域客商得到上等珍珠，就不惜剖开身体来隐藏。真有这样的事吗？”侍臣回答有。唐太宗又说：“人们都知道嘲笑他们爱珍珠超过爱自己的身体，但官吏贪赃获罪，与帝王纵欲亡国，这些人同那些客商不一样可笑吗？”魏徵道：“从前鲁哀公对孔子说：‘人有好忘事的，迁居后就忘记了自己妻子的模样。’孔子说：‘还有更严重的，桀、纣连自己也无法确定。’孔子之语说的也是这个道理。”唐太宗紧接着说：“正是这样，朕与诸公要同心协力，以免被别人耻笑。”

一次，唐太宗在与臣子谈话时，论及山东人、关中人，意中流露出褒后者而贬前者（因唐太宗是关中人）之意。殿中侍御史张行成奏道：“天子要以四海为家，不应被狭隘的地域思想所制。”唐太宗连连称对，并厚加赏赐。自此每有大政，他张行成便经常出现在参与商讨的人中。

唐太宗还对侍臣道：“朕发现从古以来帝王都是以仁义治天下，国祚久长；以法治天下的，虽救弊于一时，灭亡失败也很迅速。前代成败，足可借鉴。朕现在的治国之道是仁义诚信，以改变近代浇薄之风。”黄门侍郎王珪说：“天下战乱破坏日久，陛下承其余弊，弘道移俗，这是万代宏福，但治理国家必得贤才。”唐太宗道：“朕对于贤德之人的倾慕，真是梦寐以求！”给事中杜正伦紧接着说：“当世必定存在有才之人，只看陛下能否选用，您又何必非要都在梦中寻找呢！”唐太宗深表赞同。次年，唐太宗以“仁义”治国初现成效，他对侍臣们说：“朕原以为乱世之后风俗难移，近观百姓渐知廉耻，盗贼日稀，官民奉法，才知人无常俗，但政有治乱。因此，治国之道，必须仁义相待，示以威信，因人之心，去其苛刻。这样，百姓自然安定，国家自然安定。望诸公与朕共行此事。”

## 创立制度，加强集权

唐太宗即位后对中央政府的人事安排以及主要官员的人事调动，是与他对宰相制度的改革、确立三省六部制度同步进行的。魏晋以来形成的三省制度，至隋唐时已经正式确立。李世民对三省制度所实行的适当改革，在于他对三省的职权及其相互制约关系做出了明确的规定，创立了崭新的宰相制度，既完善了国家权力机关的职能，又使君权得到了进一步的加强。

唐代的三省，中书省是取旨制定政策的机要部门，中书令是最高长官，下属中书舍人若干，负责进奉章表，草拟诏敕策命，即所谓“中书出诏令”。门下省主管封驳审议，最高长官是侍中，其属官为给事中，负责对中书省所拟定的诏敕文书提出不同意见，涂窜奏还，即所谓“门下掌封驳”。尚书省是执行政令的最高行政机关，在唐代正式确定下属吏、户、礼、兵、刑、工六部，最高长官是尚书令以及左右仆射。因李世民曾担任过尚书令一职，左右仆射成为尚书省的最高长官，属官为左右丞。三省之中，中书与门下相互制约，关系密切，被唐太宗称为“机要之司”。

贞观元年（627年）十二月，唐太宗对黄门侍郎王珪说：“国家本置中书、门下以相检察，中书诏敕或有差失，则门下当行驳正。人心所见，互有不同，苟论难往来，务求至当，舍己从人，亦复何伤！比来或护己之短，遂成怨隙，或苟避私怨，知非不正，顺一人之颜情，为兆民之深患，此乃亡国之政也。”又实行对军国大事由中书舍人“各执所见，杂署其名”的“五花判事”制度。这一切，目的在于注意发挥集体的智慧，减少决策上的失误，又可以防止个人专断，造成“兆民之深患”。

中书、门下、尚书三省的长官，均为宰相。后来为扩大议政人员以集思广益，参加议政的人数不断增多，御史大夫杜淹的“参预朝政”、秘书监魏徵的参与朝政、太子詹事李勣的“同知政事，始谓同中书门下三品”，此外尚有“同中书门下平章事”“参知机务”。在贞观年间，凡取得上述“参议得失”“参知政事”等一系列职衔者，也就是说即便不是三省的长官，也都可以到政事堂参预议政，都是宰相。

这种新的宰相制度，实行了三省的讨论、封驳、执行相结合的原则，注意发挥集体的智慧，既可以减少决策上的失误，又比较理想地解决了君权与相权的矛盾，避免少数宰相的专权，是唐太宗在中央官制改革问题上的一大贡献，国家机关的职能因此而得到完善和加强。

在对三省六部制度进行改革的同时，唐太宗又对三省六部官员及时进行调整。贞观元年（627年）十二月，萧瑀与陈叔达在唐太宗面前“忿诤，声色俱厉”，唐太宗便以此为借口将这两个不称心的大臣免除了宰相的职务；另一个不称心的宰相封德彝，于当年六月病死，由长孙无忌补为尚书右仆射。九月，中书令宇文士及被罢为殿中监。贞观二年（628年）二月，长孙无忌自动辞去宰相职务。杜如晦检校侍中，李靖检校中书令。十二月，以王珪为守侍中。贞观三年（629年）二月，以房玄龄为左仆射，杜如晦为右仆射，李靖为兵部尚书，尚书右丞魏徵守秘书监，参预朝政。贞观四年（630年）二月，以御史大夫温彦博为中书令，守侍王珪为侍中，守户部尚书戴胄为户部尚书，参与朝政，太常少卿萧瑀为御史大夫，与宰臣参议朝政。五月，杜如晦卒，以李靖为右仆射，侯君集为兵部尚书，参与朝政。自房玄龄、杜如晦于贞观三年（629年）分别担任左、右宰相以来，唐太宗的宰相集团可谓是人才济济。特别是房玄龄、杜如晦二人，“玄龄善谋，如晦能断”，“二人深相得，同心徇国，故唐世称贤相，推房、杜焉”。

史书记载表明，至贞观三、四年间（629—630年），唐太宗对中央政府官制的改革已基本完成，三省六部制度已经正式确立，开始有效地发挥其国家政权中枢的职能。与此同时，唐太宗对他的宰相班子已完成了人员上的调整和充实，实现了新旧时期的过渡，一大批经过实践锻炼、考验和精心选拔的治国人才，进入了新的宰相班子，宰相中的人才之盛，实为历代罕见。

贞观四年（630年）十二月的一次宴会上，众宰相侍宴于唐太宗的身旁。唐太宗面对他选拔上来的宰相们，心情十分高兴，便对身旁的侍中王珪说道：“卿识鉴精通，复善谈论，玄龄以下，卿宜悉加品藻，且自谓与数子如何？”

只见王珪答对说：“孜孜奉国，知无不为，臣不如玄龄。出将入相，臣不如李靖。敷奏详明，出纳惟允，臣不如温彦博。处繁治剧，众物毕举，臣不如戴胄。耻君不及尧、舜，以谏诤为己任，臣不如魏徵。至于激浊扬清，嫉恶好善，臣于数子，亦有微长。”

王珪对房玄龄、李靖、温彦博、戴胄、魏徵以及他本人各自长处的评论，可谓精当，因而听了他的评论，唐太宗深以为然，众亦服其确论。

唐太宗正是凭借着他所确立的三省六部制度，依靠他所挑选的宰相班子，实行了一系列的社会改革，在治理国家方面取得了显著的成就，成就了中国历史上著名的“贞观之治”。

唐太宗在确立三省六部制度的同时，为提高政府工作效率，节省财政开支，又进一步采取“并省官员”的精简机构措施，在地方政权上实行州、县二级制，收到了明显的成效。

据《贞观政要·择官》的记载，贞观元年（627年），唐太宗对房玄龄等人说：“致理之本，惟在于审。量才授职，务省官员。故《书》称：‘任官惟贤才。’又云：‘官不必备，惟其人。’若得其善者，虽少亦足矣；其不善者纵多，亦奚为？古人亦以官不得其才，比于画地作饼，不可食也。……当须更并省官员，使各当所任，则无为而理矣。卿宜详思此理，量定庶官员位。”房玄龄等人根据唐太宗“并省官员”“量定庶官员位”的指示，“由是所置文武总六百四十员”，责令自此以后，“不可超授官爵”，并说：“吾以此待天下贤才，足矣。”把中央政府的官员（不包括吏员）限定在六七百人之内，这对提高中央政府的工作效率是大有益处的。

将地方上的州、郡、县三级制改为州、县二级制，使地方上的行政机构和官员大为精简。东汉末年，全国只有郡国105个，魏晋以后郡的数目日益增多，至南北朝末年，北周有508个郡，南陈有109个郡，合计达617个郡。据《资治通鉴》卷一九二记载：“隋末丧乱，豪杰并起，拥众据地，自相雄长。唐兴，相帅来归，上皇为之割置州县以宠禄之，由是州县之数，倍于开皇、大业之间。”针对州县数目大增、民少吏多的情况，唐太宗采取“大加并省”的措施，取消了郡一级的行政机构，在地方上只设州、县二级，到贞观十四年（640年），全国共有州府360个，县共有1557个。地方行政机构和官员的大量精简，不仅减少了国家的行政开支、减轻了人民的负担，也有利于地方政府工作效率的提高。

为加强中央政府对地方政权的监督，贞观元年（627年）又根据“山川形便”，将全国“分为十道：一曰关内，二曰河南，三曰河东，四曰河北，五曰山南，六曰陇右，七曰淮南，八曰江南，九曰剑南，十曰岭南”。10个监察区的设置，目的在于加强中央对地方政权的监督，不定时地派黜陟大使及巡察使、按察使、观察使到各地“巡省天下”，“观风俗之得失，察政刑之苛弊”；考察地方官吏，根据地方官吏的优劣来确定官吏的升降任免，进行赏罚。中央政府对地方的控制，也因此而得到进一步加强。

## 宽仁施政，成就盛世

有人曾说：中国古代的法律是统治者从自己的利益出发而制定出来压榨民众的工具，而西方的法律则是民众通过斗争而制定出来的保护自己的武器！

“天子之怒，伏尸百万，流血千里”。李世民是一个封建皇帝，但是

在他的统治下，偌大的唐帝国有一年只判了29人死刑，的确是前无古人，后无来者。

治世抓人心，加强道德教育，着力建设精神文明，唐太宗大概如此；乱世拘人身，严法苛刑，杀人尤恐不多，此即秦皇暴政！唐太宗治本，秦始皇治标。

治本胜于治标。

上古的法规，是在人们习惯的基础上建立起来的。人们的行为规范，是以道德为基础的，绝大多数人不会受到法律的制裁。法的出现，是为了规范那些不受道德约束而为非作歹的人。

道德是自觉的，人们违反道德规范的行为，一是会受到自己良心的谴责，二是会受到社会舆论的谴责，没有强制性。法律则不同，它具有强制性，是以国家机构的暴力为后盾的，它是用来调节道德不能调节的人际关系的。

隋文帝减省法律，使人民在较为宽松的环境中生活，休养生息，才有“开皇之治”。没想到隋炀帝无法无天，滥杀无辜，既不讲丝毫的信义，又无章法可循，不久天下大乱，民怒沸腾，民变风起，隋很快也就灭亡了。

李渊进入长安，向关中父老约法12条，算是法律减省。李渊的做法是在隋炀帝暴政的基础上做出的明智选择，人们在严刑酷法之下，忽然宽松下来，人们当然会欣喜若狂。但是话又说回来，当人们在宽松的环境下生活得烦躁不堪之时，没有法律就会使社会治安混乱不堪。

法律是每个朝代都要施行的来规范人们行为的准则，使人们能够进行正常的生产和生活。但是在封建社会里，皇权至上决定了法律的局限性，只能是一种统治人民的工具，对于上层阶级来说，是不大管用的，尤其是对皇帝，更是没有丝毫的制约力，他说出的话就是金科玉律，就是法律。唐太宗也不例外，法律也不会使用在他的身上，为什么他会使社会如此稳定呢？别的君主也都实行法治却不能得到相同的结果，这又是为何？唐太宗能把唐朝的早期治理得那么好，原因是多方面的，但重要的一点是健全的法律制度和从皇帝到大臣都依法办事的原则。不滥施刑法就不会引起民愤，人民安居乐业，自然社会就会得到大治。可以肯定的是，贞观之治得以实现的重要保障就是法治。唐太宗即位后，就曾说过："国家大事，唯赏与罚。赏当其劳，无功者自退；罚当其罪，为恶者咸惧。"

唐太宗能把法律置于个人之上，这种思想观点在封建帝王中屈指可数。要想赏罚分明，就必须有相应的法律法规作为衡量的标准。要制定相应的法律，就必然要涉及立法的原则，为此朝廷上下都展开了激烈的争论。有人主张威刑严法，魏徵坚决反对，认为皇上以仁恩为政之本，应该爱民厚俗。

唐太宗采纳了魏徵的意见，以宽仁治天下，慎刑宽法成为立法的理论基础。魏徵说："仁义是治理国家之本，刑罚是治理国家之末；专尚仁义，当慎刑恤典。"

贞观元年（627年），唐太宗对大臣们说："人死不可复生，用刑法一定要宽简。"古人说："卖棺材的人，希望每年都发生瘟疫，不是仇恨人类，而是卖棺可以赚钱。现在办案的人，想借此来应付考核，得到提升。用什么办法，能使办案公平呢？"

谏议大夫王珐说："只要选择公正善良的人，断案公允恰当的，增加俸禄，奸伪就会停止。"

唐太宗下诏颁发天下。

唐太宗说："古代判案，必须要征询三槐、九棘，就是现在的三公、九卿。从今以后，判死刑的，要由中书省、门下省四品以上的官议论，如此，希望能避免冤案和量刑过度。"

戴胄是一名清正廉明的法官，被提升为大理寺少卿，相当于最高法院院长。唐太宗因在选拔官吏中有人伪造资历，令其自首，不自首者处死。不多久，就抓到这样的人，唐太宗命令斩首。

戴胄说："按法律应该流放。"

唐太宗发怒说："你要守法而使朕失信吗？"

戴胄说："皇上的旨意出于一时的喜怒，法律是以国家的名义颁发于天下的，按律定罪而不是凭个人的喜好，这就是忍小忿而存大信。"

唐太宗转怒为喜，说："你能执法，朕还有什么忧虑呢？"

戴胄多次否定了唐太宗的个人意见，执法如山，有理有据地说服了唐太宗，唐太宗都同意了戴胄依法办事的意见，天下很少有冤案。

死刑的三日五覆奏，是唐太宗对人命的重视。

贞观五年（631年），张蕴古任大理寺丞。相州人李好德向来有疯病，说了诳语，唐太宗下令抓进监狱。

太守答应赦免，张蕴古把唐太宗旨意告诉了李好德，又和李好德博戏，被唐太宗知道了，唐太宗大怒，将张蕴古斩于东市，随后又后悔了。

他对房玄龄说："你们食君主俸禄，必须把君主的忧虑作为自己的忧虑，事无巨细都应留意，不问你们，你们就不说，不合理的事也不劝阻争论，还说得上辅佐朕吗？张蕴古身为执法官，和囚犯游戏，泄露朕的旨意，罪行严重，但按法律，达不到死刑。当时非常愤怒，马上下令处死，你们竟然没有一个人说一句话，主管部门又不回奏就执行了死刑，这样治国怎么会清明呢？”

唐太宗于是下诏，凡判处死刑的，已经下处决令的，都要三日五次回奏。如果不按司法程序进行，将受到严厉的惩罚。不得回奏就处决死刑犯的，判流放两千里，报得到批准后，要三日后才能行刑，如果不满三日就行刑的判一年徒刑。

为了保证不出现刑讯拷问、屈打成招的冤案，唐太宗健全了刑讯制度，下诏“犯人不得鞭背”，以免造成死亡，并在法律中规定，要正常审讯，如果法官违法进行，要处以“杖六十的刑杖”的处分。拷讯不得超过三次，总共不得超过200下。拷认的，取保释放。如果把犯人拷打致死，以过失杀人罪论处。

当时的青州发生了一次“谋逆”事件，地方州县抓了很多人，个个戴上刑具，遭到严刑逼供，监狱里关满了犯人，重刑之下，屈打成招。朝廷派崔仁师前去处理。崔仁师令一律去掉刑具，给“犯人”饮食，用热水沐浴，并安慰他们，从实际材料出发，结果只抓了十多人，其余的全部无罪释放。

在司法中，有人为了达到自己的目的，或报私仇，会诬告其他人。

贞观三年（629年），魏徵任秘书监，参与朝政，长安行霍、行斌上书诬魏徵谋反，唐太宗当然不信，因谋反罪是要处死刑的，诬告者被处以斩刑。

贞观九年（635年）八月，岷州都督、盐泽道行军总管高甑生没按规定的时间率军到达，被李靖处分。高甑生怀恨在心，诬告李靖谋反，调查结果无任何证据，高甑生被判死罪，减刑流放边陲。

有人说，高甑生是秦王府的功臣，应该宽赦。

唐太宗说："高甑生不听李靖指挥，又诬告李靖谋反，这样的行为都可以宽赦，法律怎么实施？国家自晋阳起兵以来，功臣很多，若都获免，人人都可以犯法而得免，国家还怎么治理？朕对过去的功臣是不会忘记的，但为了维护法律的尊严而不能赦免。"

唐太宗君臣上下严格守法，是贞观法治成功的重要因素。

正如史书说："王公妃主之家，大家豪猾之伍，畏威屏迹，无敢侵欺细民，商旅野次，无复盗贼，囹圄常空，马牛布野，外不闭户。"

广州都督党仁弘勾结豪强，受贿金宝，以没官的獠人作奴婢，又擅自增加税收，被人告发，当判死罪。唐太宗怜其年老，又念其是元老，从宽发落，贬为庶人。唐太宗自知违反司法尊严，请罪于天，房玄龄等大臣再三劝阻，他还是下诏，说自己有罪：知人不明，以私乱法，不能赏善诛恶。

他经常征询臣下对司法的意见，贞观十一年（637年）以判轻罪的惩戒，而判重罪则不追究。

唐太宗问大理卿刘德威："近日判罪稍严，是什么原因？"

刘德威说："责任在皇上，不在群臣；陛下喜欢宽就宽，喜欢急就急。法律条文规定：如果重判就没有什么问题，轻判了就获罪，因此为了保自己，争相重判。这是畏罪的缘故。陛下如公平对待，这种风气马上就会改变。"

唐太宗很高兴，公平对待重判和轻判的人，自此，判案就比较公平了。

唐太宗带头守法，也要求臣下遵守法纪，严格执法。

贞观四年（630年），唐太宗对大臣们说："朕每天都孜孜不倦于国事，不仅仅是担忧老百姓，也要你们能长守富贵。天非不高，地非不厚，朕常兢兢业业，以畏天地，你们如能小心守法，常像朕一样畏天地，不仅是百姓安宁，自身也常得安乐。古人说：'贤者多财损其志，愚者多财生其过。'这话足以深深地引以为戒，如徇私贪污，不但破坏了公法，损害了百姓，即使事情未暴露，你内心岂能不恐惧？恐惧多了，也有因此而歹。大丈夫岂有苟贪财物而害生命，使子孙感到羞耻呢？大家应深思啊！"

贪官污吏，为人们所切齿；惩治贪官，历来大快人心。

濮州刺使庞相寿，是个臭名昭著的贪官。贞观三年（629年），受到退赔撤职的处分。他上书向唐太宗求情，说自己原是秦王府的人，希望宽恕，唐太宗认为他之所以贪污，是因贫困，命赐给绢百匹，不予治罪，并回去复职。

魏徵立即进谏："因故旧而徇情枉法是不对的，对贪污分子还要赐给钱物，还让他继续当官，无助于他弃旧图新，改恶从善。秦王府旧人很多，如果人人犯法而不受到严惩，那么其他人就会不服，亲朋故旧就会藐视法律。"

唐太宗高兴地采纳了魏徵的意见，找庞相寿谈话，说："如今朕为天子，是四海之主，不能偏袒自己的亲朋故旧，如果重新任用你，别人就会有意见，就不再诚心诚意为国家办事了。"

庞相寿无言以对，只好流着眼泪走了。

贞观四年（630年），唐太宗告诫各级官吏，不要干既损百姓又损自己的徇私贪污的坏事。为了严肃法纪，对重大的贪污犯均处死刑；在行刑时，诏令各地来京官员观刑。

贞观六年（632年）十二月，唐太宗亲自查看囚犯名册，见有判死刑者，顿生怜悯之心，让他们回家，到第二年秋天回来受刑。接着颁诏天下，凡死刑犯全部放回家，第二年秋天按期到京城。贞观七年（633年）九月，所放的死刑犯390人，在无人监督和催促的情况下，都按期来到长安报到，无一人逃跑。唐太宗下诏，全部赦免。

贞观大治，最典型的是贞观四年（630年）。这一年，全国判死刑的人才29人，创造了亘古至今判处死刑最少的年份。这是李世民治理天下的运权大智慧，也是他人性管理的最大成效。

马上打天下，马下治天下，这是人们早已熟悉的道理！毛泽东说：夺取全国胜利，只是万里长征走完了第一步。每一个时代的开始，都要来一番“刀枪入库，马放南山”的演习，宣告太平盛世到来，都要着力建设自己的精神文明。李世民能够创造贞观之治的奇迹，主要是建设自己的精神文明的结果。

封建统治者为了能更好地统治人民，就必须找一种礼仪来约束人民。唐朝之前，不论是六朝还是隋朝都很注重礼学。例如隋文帝就让牛弘收集南北朝的仪注修订成《五礼》。《五礼》内容丰富，礼仪繁多，长达130篇。可以称得上长篇巨著。隋炀帝即位后，为了使《五礼》更加完整，隋炀帝聚集大量的礼仪官员到广陵，共同修订《五礼》，他们收集了南北所有的礼学，编成了《江都集礼》。

礼包括忠、孝、信、义、礼、廉、耻，说法不一样，本质却是一样：培养和造就成千上万的顺民。有人认为，道德不讲功利，因此谋略不讲道德。其实这是一种误会，道德离不开功利，世界上不存在没有功利的道德。谋略的方式名目繁多，其中之一就是道德。

战争破坏了一切，也破坏了人们的日常行为规范，使天下变得乱七八糟。春秋时期，人们为了利益，不惜弑父弑君，把整个西周的一系列规章制度踩在脚下。

孔子惊呼礼崩乐坏，却也无可奈何。他曾游说诸侯，要搞精神文明建设，复兴和制定日常行为规范。但各国君主都在追逐自己的利益，不把孔子的话放在心上。孔子也只好退而办学，使自己成为一个老教书匠，以期靠自己的学生完成自己的未竟伟业。但是让孔子没有想到的是，几百年后，汉武帝把他的学问和思想定为至尊，更没有想到，历代帝王会不断追封他，以至成为大成至圣文宣王乃至大成至圣先师。

由此推知，孔子的思想是和平时代的思想，战争年代用不着。战争年代用了，就束缚了自己的手脚，不敢去干那些伤天害理、凶恶残暴的勾当。战争就是无所不用其极以达到自己的欲望为目的，要么就是高官厚禄，要么就是命丧黄泉；而和平年代就不能使人们的欲望像战争时期那样膨胀，否则就会带来新的战争，所以孔子的思想此时就有了用武之地。

汉高祖刘邦夺取天下后，因他出身贫贱，平时说话做事又不检点，而他的文武众臣都是贫贱时期的故交，动不动就要发酒疯动拳头，过后就没事。当皇帝后，君臣关系已经确定，但哥们儿仍然像过去一样对待刘邦，

还不把他当成皇帝，这导致朝堂上乱七八糟，不成体统。而文人叔孙通以为不可，因为皇帝是天下之主，应该有他的尊严，如果这样下去，何以君临天下。于是制定礼法：臣下见帝应立即下拜，这才有了君臣之别。这都是一些规矩，它起着保证国家机器的运转和保证政令通行的作用。这些规矩就是礼，也就是我们现在说的章程。

唐太宗当然不像汉高祖那样都是穷哥们儿一伙，后来才分君臣，他在将相心目中有着崇高的威望，但是建章立制是治理国家的重要组成部分，不依规矩，不成方圆。

当李世民即位之后，在贞观初年的君臣共议治国方针时，许多追随李世民在外征战时的将领（包括一部分文臣）纷纷主张“宜震耀威武，征讨四夷”，也就是继续以武力对外进行征服，以炫耀大唐帝国的军威和士气。

这些人之所以提出这一主张，固然有上述“震耀威武”的原因之外，更主要的恐怕还在于他们对于行军打仗更为在行，而且边境地区仍然面临着一些少数民族的侵扰，所以他们认为借助初唐时期连战连胜的势头，就可以使“四夷”臣服，大唐帝国的境内就会消弭骚乱。然而，这个主张却遭到名臣魏徵的强烈反对。唐太宗问魏徵是何缘故，魏徵指出：“偃武修文，中国既安，四夷自服。”随后魏徵又列举了历史上“偃武修文”趋于繁盛的大量实例，使唐太宗欣然接受了“偃武修文”的建议。

唐太宗这一治国方针政策的转变，实际上反映了当时社会发展的需要。由于隋末天下动荡，社会经济凋敝，百姓生活非常贫困，人们渴望有一个安定的社会环境。但是唐朝初年仍处于统一战争时期，百姓所盼望的安定局面并没有到来，直到唐高祖武德七年（624年）才基本平定各路豪强，从而为与民休养生息提供了有利条件。在文化方面，也面临着同样的困境：尽管隋炀帝本人多才多艺，喜好文化事业，但客观现实并不利于学术文化的发展。到唐太宗即位时，天下基本统一，一度处于停滞的文化建设也开始提上议事日程。而且更为重要的是，在人心思定的情况下，以文治国比使用武力征伐更能取得明显成效，也更有利于维护统治集团的利益。显然，唐太宗李世民对上述情况深有了解，因此当魏徵提出“偃武修文”的文治方针时，他不顾其他大臣的反对，而是积极制定政策，努力推行，终于取得了显著成效，奠定了“贞观之治”的盛世局面，反映了他的“势算”谋略的远见性和正确性。

为了推行以文治国的方针，唐太宗首先推出了“尊儒崇经”的政策。自从汉武帝“罢黜百家，独尊儒术”以来，儒家经典学说一直被封建统治者奉为治国安民的指导思想，历代帝王无不尽力倡导，唐太宗当然也不例外。

李渊、李世民出身于关陇集团，对于儒学原来并不很熟悉，但为了统治的需要，他们在建立唐朝之后，也逐渐提倡儒学之道。如高祖武德两年（619年），令国子学立周公、孔子庙，四时致祭，并博求其后；武德七年（624年），高祖亲至国子学，释奠于先圣、老师；武德九年（626年），封孔子的后代为褒圣侯。

唐太宗即位后，又就如何评价与发挥周公、孔子之道的统治作用进行了讨论。唐太宗有一次对大臣说：“周、孔儒教非乱代之所行，商（鞅）、韩（非）刑法实清平之秕政。道既不同，固不可一概论之。”大

臣魏徵立即回答说：“陛下言之有理。商鞅、韩非之道只能权救于当时，固非致化之通轨。治理天下臻于盛世，所重者莫过于儒家王者之道！”

对于儒学创始人孔子，唐太宗尤其尊崇。有一次他说：“梁武帝君臣惟谈苦空，侯景之乱，百官不能乘马；元帝为周师所围，犹讲《老子》，百官戎服以听，此深足为戒。朕所好者，惟尧、舜、周、孔之道，以为如鸟有翼，如鱼有水，失之则死，不可暂无耳。”认为孔子的儒家学说犹如鸟之翼、鱼之水，不可缺失，这足以说明他是将儒家学说奉为治国指导思想的。

唐太宗之所以如此重视儒学，是因为儒学对封建统治者来说有着妙不可言的功用。在《旧唐书·儒学传》中，历史学家为我们揭示了其中的奥秘：“古称儒学家者流，本出于司徒之官，可以正君臣，明贵贱，美教化，移风俗，莫若于此焉。”显然，儒学具有维护封建等级、助益风俗教化的作用，因此受到唐太宗及其臣僚的青睐。

在这一思想指导下，贞观君臣采取了一系列措施来尊儒崇经。《贞观政要·崇儒学》中对此有较详细的记载：“贞观二年，停周公为先圣，怒立孔子庙堂于国学。稽式旧典，以仲尼为先圣，颜回为先师，两边俎豆，干戚之容，始备于兹矣。是岁，大收天下儒士，赐帛给传，令诣京师，擢以不次，布在廊庙者甚众，学生通一大经以上，咸得署吏。”可见当时不仅对孔子尊崇备至，连一般儒生也得到优遇。之后，唐太宗又诏令尊孔子为宣父，在兖州特设庙殿，拨二十户民家供役。

此外，唐太宗又大力褒扬前代著名的儒学大师，给予他们的子孙以荫官待遇；对于经学大师，则不分南派、北派，“用其书，行其道”，只要对治理国家有所帮助，都兼收并蓄，各取所长。这样就极大地鼓舞了各地学子争相学习，在社会上形成了尊儒崇经的文化风气。

唐太宗尊儒崇经的另一个重要措施就是设置弘文馆。早在武德四年（621年），李世民被封为天策上将时，就在秦王府创设了文学馆，以此收聘人才贤士，成为李世民重要的政治顾问决策机构，并在玄武门之变中起到了重要作用。

唐朝当时的情况比较复杂，政治上的统一必然要求所有的东西都趋于统一，礼仪也不例外。但是南北礼学的差距甚大，隋朝曾经下了很大工夫用于修订礼仪。唐初李渊刚进入长安之时，“天下方乱，礼典湮没”，于是李渊大至都是沿用了隋礼。唐太宗即位后，就在隋礼的基础上加以损益革新。贞观二年（628年）是礼仪制定的重要时期，房玄龄召集了许多礼仪官员，以隋朝的礼仪为依据，通过对社会的考察，制定了适用于唐朝的礼仪制度。这次制定的礼仪被命名为《贞观新礼》，历时五年，但是还有很多不完善的地方。

贞观七年（633年），也就是《贞观新礼》制定还没有多久，就发现礼仪制定的有很多不足之处，唐太宗也不太满意，于是下令重修《贞观新礼》。为了能修订得更完善一些，他同时任命房玄龄、魏徵等人一起参与修订，另外还命人找来当时著名的学者孔颖达、颜师古、李百药、令狐德棻等。到贞观十一年（637年），礼仪再次修订完成，命名《贞观礼》，共有138篇。唐太宗下诏颁布天下，说：“广命贤才，旁求遗逸，探求经之奥旨，采三代之英华，古曲之废于今者，咸择善而修复，新声之乱于雅者，并随违而矫正。”

唐太宗也对礼法很重视，时时注意自己的言行，尽量让自己符合礼法的规范。例如，他根据周礼对国君死了才避讳做了规定，他认为周文王在世时并没有避讳，春秋时的鲁庄公也没有避讳，所以规定“世”“民”两字不连读的都不必避讳，以免引起用字的混乱。贞观中书舍人高季辅上表说，看到密王李元晓（李世民的弟弟）等人对皇帝的儿子互相下拜（回拜），认为这不符合“礼”的要求，因为他们都是王爵，就要以叔侄相待，不能违背常规。唐太宗下诏李元晓等人，对吴王李恪、魏王李泰致礼下拜，不能答拜。

礼仪制度是每个社会都需要的，而封建社会更重视礼仪。封建统治者用礼仪制度来维护统治阶级的利益，用礼仪来教人们臣服于他们的统治，不要反抗。封建的礼仪制度是为上层阶级服务，是维护森严的尊卑的封建等级关系。

贞观四年（630年），唐太宗对大臣们说：“近来听说京城的官员和百姓，在父母丧期中，有人竟然相信巫书，在辰日那天不哭，以此谢绝吊丧，这是败坏风俗的行为，违背了人伦礼法，命令州县官员予以教育，一定要按丧礼居丧。”

贞观五年（631年），唐太宗对大臣说：“佛道施教化，本是行善的事，怎么能使和尚、尼姑、道士妄自尊大，坐着接受父母下拜呢？这是伤风败俗，违背礼法的行为，应马上禁止，要他们向父母下拜。”

贞观六年（632年），唐太宗对房玄龄说：“近来山东崔、卢、李、郑四姓，虽然家世已衰落可是还依仗旧时的名望，自称士大夫，每当嫁女给别的家族，都索取大量财礼，以多为尊贵，败坏风俗，紊乱礼法，和他们的地位很不相称，应实行改革。”

唐太宗命高士廉、韦诞、岑文本、令狐德棻等人修订氏族志，高士廉等人仍把崔列为第一等。唐太宗说：“我对山东崔、卢、李、郑四姓并无恩怨，只因他们累世衰落无人做官，还自称士大夫，嫁娶时又要索取很多钱财。有的人才能低下，还以为门贵而悠闲自得，贩卖祖宗的名望。我不理解社会上为什么看重地位，士大夫应该立德善事君父，忠孝可称，或者道义素高，学艺宏博，才能成为高尚门第。现在崔、卢这些家族，只是夸耀先辈，怎么能和本朝的大臣们相比呢？你们仍把崔为第一等，是轻视我给你们的官爵？”

唐太宗下诏：“不准因自称高尚门第而索取钱财，纠正因自称门第高而不孝敬公婆，从今以后，明白告示，使大家懂得嫁娶的仪式一定要符合礼法。”

同年，礼部尚书王珪的儿子王敬直娶唐太宗女南平公主。

王珪说：“《仪礼》规定了媳妇有拜见公婆的礼节，近代风俗败坏，公主出嫁，拜见公婆的礼节都废了，现在皇上英明，一切都按照礼的原则办事。我接受公主的拜见，不是为了抬高自己，而是要全国树立崇美德的社会风气。”

王珪和妻子在公婆的位置上，命公主拿着帕子，行洗手进食的礼节。唐太宗听到后非常赞成。从此后，公主下嫁，如父母健在的，都要完成这一礼节。

唐太宗说：“昔日周公相成王，制礼乐，久之乃成。逮朕即位，数年之间，成此二乐五礼，又复刊定，未知堪为后世法否？”

魏徵称赞说：“拨乱反正，功高百王，自开辟以来，未有如陛下者也，更创新乐兼修大礼，自我作古，万代取法，岂止子孙而已。”

除了官修《五礼》外，还盛行私人的礼学研究，出现了不少著名的“三礼”专家。

于是，“礼”制约着各种社会关系。

贞观四年（630年）八月，唐太宗下诏：“常服未有等第，自今三品以上服紫，四品、五品服绯，六品、七品服禄，八品服青，妇人从其夫色。”

唐太宗爱女长乐公主出嫁，嫁妆的数量是长公主的两倍，长公主是长乐公主的姑妈。魏徵认为不合礼法，长孙皇后督促唐太宗以礼办事，唐太宗应允。

贞观十二年（638年），唐太宗因诸侯来京朝拜的人都租房子住，与商人杂居，仅能安身，接待之礼不充分。因此命令用京城的空地，为各州来京的朝集使造府第，完工后唐太宗还亲自去视察。

贞观十三年（639年），礼部尚书王珪上奏：按照礼法，三品以上官员在路上遇到亲王，不应该下马，现在都下马，违背了礼法。

唐太宗说：“你们想抬高自己而贬低我儿子吗？”

魏徵说：“魏晋以来，亲王在三公之下，现在三品和六部九卿给亲王下马，这是不适当的，旧时的礼法没有这样的先例，现在的礼法也无规定。”

唐太宗说：“太子是准备继承皇位的，假若没有太子，就要按同母弟依次立为太子。按这种推断，你们不能轻视我的儿子。”

魏徵说：“商朝有兄死传弟的事，自周朝以来，太子必立长子，以断绝庶子非分之想，堵塞祸乱根源。治理国家的人对此要十分谨慎。”

唐太宗准奏，三品以上官员见亲王不再下马。

贞观十四年（640年），唐太宗对礼官说：“同住在一起的人死了，还要为他穿缌麻，而叔嫂间却没有丧服，舅父和姨妈，亲疏差不多，丧服却不同，都不合礼法，其余有亲情而丧服轻的，也要上报。”

就在这个月内，尚书八座和礼官研究后上奏：“礼是用来判疑惑、定迟疑、辨异同、明是非的，不是从天上来的，不是从地上生的，是人的感情决定的。人们的关系首先在于九族和睦，九族和睦要从最亲的人开始，由近及远，亲属因有亲疏而有差别，丧事的礼数就要依次减少。舅舅和姨妈，虽然是同辈，但是从母亲份上看，舅是母本家，姨妈是外姓亲戚，姨妈不在母族之中。现舅丧服三月，姨五月，失掉了根本，应调整。曾祖父母，旧服丧三月增为五月，嫡子妇、旧丧服九个月，增加为一年，其他子妇，旧服五个月，请增为九个月，嫂和小叔，过去无丧服，现服五个月，给弟弟的妻子和丈夫的哥哥服五个月，舅舅增加和姨妈一样，服五个月。”

贞观十四年（640年）十二月，唐太宗对大臣们说：“今天是朕的生日，按习惯是以生日为愉乐的日子，朕却在思念父母，朕贵为天子，富有四海，想侍奉父母，永远得不到。子路怀着不能为父母居丧的遗恨，实在有道理。《诗经》上说：‘哀我父母，生我勤劳。’怎么能在父母痛苦的日子里高兴呢？这太违背礼法了。”唐太宗的这种观点与传统的习俗不太一样，但他的这种提法确实新颖别致。

唐太宗用礼仪来影响人们的行为活动，协调人和人之间的人际关系，使人民在自然而然中接受一种有利于上层阶级的思想，接受被统治的现状，从而达到稳定社会的目的。

唐太宗即位之后，及时调整了统治方向。由武德年间的重武轻文改变为偃武修文，并采取了相应的措施，因而出现了我国封建社会少有的繁荣盛世景象——贞观之治，这显然应归功于唐太宗超人一筹的势算谋略——以武拨乱，以文治国。

## 知人善任，注重品德

唐太宗能知人善任，首先由于他认识到除了施政方针的正确，官员也必须贤能，这是关系到国家治乱兴亡的大事。贞观元年（627年）他就对房玄龄说："致治的根本，在于选拔贤能，量才使用，设官要少而精。"还打比方说，"任官不得贤才，就如同画饼充饥，不能食用。"他对太子李治说："治国在于进贤退奸，赏善罚恶，不徇私情。"他对大臣褚遂良说："我要始终坚持做三件事：一要借鉴前朝的成败得失；二要进用善人，共同治理天下；三要不听信谗言，弃斥奸佞之人。"他晚年为教育李治，总结一生治国之道写成《帝范》一书，在《求贤》篇中写道："国家的辅弼大臣，必须选用忠良，只有这样，天下才能实现大治。"又道："人才济济，远远胜过黄金万两。"

选贤任能被唐太宗作为一生的治国之本，并且他要求宰相等大臣也要这样做。唐太宗即位不久，就让宰相封德彝举荐贤能之人，但过了较长时间封德彝没有举荐一人。问及原因，封德彝说："臣并非不尽心此事，只因现今没有值得向陛下推荐的贤德之人。"唐太宗很不同意这种观点，他说："君主用人就像使用器具，各有所长。古代帝王治理天下而实现盛世太平，难道都是借用别的朝代的人才辅佐的吗？问题恐怕是自己不知人，怎么可以说成是今世没有人才呢？"后来，唐太宗也为此事批评宰相房玄龄、杜如晦，他说："你们位列宰相之位，应替朕分忧，广纳贤才。但听说你们每日忙于处理诉讼等一般事务，这对于朕选拔贤才有什么帮助呢？"

为了能够让大臣没有顾虑地协助皇帝选举贤能，唐太宗在贞观初年就对大臣们讲："朕现在迫切地访寻贤才，专心探求治国的道理。一旦得到你们推荐的贤能之士，会立刻提拔重用。但也有些人讨论说：'那些选拔重用的人都是宰相的亲朋故旧。'诸公只要出于公心，就不要顾忌这些流言蜚语，畏首畏尾。古人道：'外举不避仇，内举不避亲。'这是为了能举荐出真正的贤才呀！望诸公大胆举贤任能，即使是自己的子弟或和自己有仇怨的人，只要是人才，就可以推荐。"

能否举荐贤才后来还被唐太宗作为赏罚大臣的重要依据。治书侍御史权万纪就因为任职很久，从不向唐太宗退一小人、进一贤者，而被削职为民。

唐太宗不仅深刻地认识到用人的重要性，而且提出要把品德放在选拔人才的首位。贞观三年（629年）他对杜如晦指出选人中存在的问题："朕最近见吏部选人，只注重华美言辞，而不了解品德行为。品德不好，任官数年后，暴露恶迹，那时虽以刑法严惩，但已经使百姓蒙受伤害了。这样选人怎能获得贤才呢？"后来，唐太宗和魏徵又讨论这一问题，他说："君主必须小心谨慎地选人任官。现今天下人都仔细地观察仿效朕的一举一动。用一君子，则君子皆至；用一小人，则小人竞进。"魏徵补充说："自古以来知人就很难，因此进行考绩，善恶察明，以定升降。今日欲求贤才，必须深入访察品行，只有访得品德高尚的君子，才能任用。即使这样的人办事不力，也只是才能不强，不会对国家造成大害。若误用了奸佞小人，越是强干，为害越大。在乱世时可以专取才能用人，不顾品行；但太平时必须任用品德高尚，又有才能的人。"

后来，在给唐太宗的上疏中，魏徵提出君主要能识别"六正""六邪"。他解释道："所谓六正：一为圣臣，这类大臣有非凡的预见能力，能够洞察处于萌芽状态的事物的利弊得失，防患于未然，从而使君主立于荣显之位；二为良臣，这类大臣全心全意地劝导君主施行礼义仁政，君主做得对时能加以鼓励，做错时能够补救；三为忠臣，这类大臣废寝忘食，进贤不懈，并经常激励君主专心求治，谈古论今；四为智臣，这类大臣在事情刚一出现就能预测成败，对祸患能早做预防，杜绝祸根，转祸为福，使君无忧无虑；五为贞臣，这类大臣严守法令，做官清正廉洁，而且能辞禄让赐，饮食节俭；六为直臣，这类大臣在国家混乱时，不同流合污，能犯龙颜，面指君主的过失。所谓六邪：一为具臣，这类大臣安居官位，贪图钱财，不理公事，随波逐流，左右观望；二为谀臣，这类大臣对君主说的一切都说对，做的一切都赞好，千方百计奉迎君主，以讨取欢心，而不顾后患无穷；三为奸臣，这类大臣心存奸诈，外表谦恭，能言善辩，妒能嫉贤。他想进用的人，就大加粉饰，隐其罪恶，想黜退的人，则只讲过失，对他的美德则一概不提。使君主赏罚不当，号令不行；四为谗臣，这类大臣的智慧足以掩过饰非，口齿伶俐足以打动君主。内可离间君主骨肉，外可在朝廷制造混乱；五为贼臣，这类大臣独断专行，破坏法令，结党营私，损国害家，而且善于假借君主旗号，自我吹嘘，狐假虎威；六为亡国之臣，这类大臣一方面以邪恶的手段引诱君主荒淫无度，另一方面结成朋党，蒙蔽君主的视听，使君主是非不明，黑白不分，直至恶名无人不晓。”这里魏徵实际上提出了识别官员的两大类十二条的具体标准。这十二条标准中，“六正”类大臣，只有“智臣”是从才能方面谈的，“圣臣”是才能与德行兼有的，其他的都是从德的角度提出的；而六种邪臣全部是由于无德，没有一种是由于无才。魏徵认为：君主用这些标准去考察官员的实际行动，就能够做到知人善任。唐太宗对此很是赞同。

知人难，难在不易尽知，奸佞、忠臣貌同心异。唐太宗知道，自己认为贤良的，未必尽善；众人纷纷斥责的，未必全恶。他对魏徵说：“朕近来读书，每见善事，立即就办。可是在用人方面，则善恶难别，因此可见难以知人。”他还清醒地知道自己地位特殊，更容易被臣下所蒙蔽。他曾感叹地对大臣们说：“人主唯有一心，而攻之者甚众。或以勇力，或以谄谀，或以辩口，或以嗜欲，或以奸诈，无所不用其极，以求宠禄。”这就更增加了知人的难度。

唐太宗懂得知人难的道理，从而形成了自己辨别贤佞忠奸的原则和经验。有一次他来到一棵树下，随口说道：“真是棵好树啊！”跟在身边的宇文士及便口若悬河地赞美起这棵树来。唐太宗这时表情严肃地批评说：“魏徵曾劝我远佞人，我不知佞人是谁，对于你我有所怀疑但不敢确定。今天见你所为，佞人果然是你。”唐太宗把对自己阿谀奉承的人视为佞人，而视魏徵为代表的敢于为国事面折廷争的大臣为忠贤。他在《帝范》中也指出：谗佞之徒的重要特点，就是用阿谀奉承、甜言蜜语取悦君主。像唐太宗这样，居帝位之尊而能自觉抵制，在中国历代君王中并不多见。

唐太宗还从臣下是否能忠于事实，向他反映别人的善恶来识别忠奸。他对杜如晦、房玄龄说："朕所以广开言路，是想知天下冤屈之事和能听到直言谏诤。但无知小人却趁机挑拨离间君臣关系。而君臣相疑，则下情不能上达，这对于国家是有百害而无一益的。"因此，他要对这些奸邪小人治以谗人罪。

魏徵在一次上疏中指出："作为君主，要远小人近君子；而小人非无小善，君子非无小过；但君子小过，像微瑕白玉，小人小善，就像铅做成的刀一样，只是停留于表面。如果欣赏小人的小善而憎恶君子的小过，结果就会香臭不辨，玉石不分。"唐太宗认为魏徵此论颇有道理，必须注意抓住一个人的本质和主流来辨明贤佞，并为此赐绢三百匹以示奖励。

唐太宗为了知人，有时还让群臣互相评价。有一次在宰相的宴会上，他对王珪说："听说你很善于辨别奸佞、贤才，今日请你从房玄龄以下一一加以品评，而且比较一下你自己和众人。你意下如何？"王珪遂说道："操劳国事，孜孜不倦，知无不为，臣不如玄龄。出将入相，文武兼备，臣不如李靖。谈吐公允，陈奏详明，臣不如温彦博。处理繁杂的政务，事情处理恰当，臣不如戴胄。愿君成为尧、舜，以直言极谏为己任，臣不如魏徵。至于好善嫉恶这一点，臣和众人相比，还不逊色。"唐太宗很是称道，被评众人也口服心服。

唐太宗作为明君，不仅有辨别贤佞忠奸的理论和标准，而且熟知每个大臣的优点与缺点。

知人难，用人更难，难在将其安置在恰当的位置。要使所任之人各得其所，并能充分发挥他们的作用，在善任方面唐太宗也做得相当成功。

唐太宗明白“金无足赤，人无完人”的道理，因此用人善于取长补短。在《帝范》一书中唐太宗对于用人就有精辟的议论：“明君任人，就像巧匠使用木材：曲的用作车轮，直的用作车辕；长的用作栋梁，短的用作房椽。这样，无论长短曲直，都可以充分地发挥它的作用。明君用人也是这个道理：愚者取其力，智者取其谋，勇者取其威，怯者取其慎。这样，无论勇怯智愚，都能有恰当的用处。所以能工巧匠没有废弃的木料，明君也没有不可任用的人才。”唐太宗批评宰相萧瑀时也曾指出：“人不可以求备，必须取长补短，相得益彰。”房玄龄、杜如晦的短处是不善于处置杂务琐事与理狱，长处是多谋善断。唐太宗遵循“舍短取长”原则，扬长避短，将其宰相的才能充分地发挥出来。结果，两人都成了辅助唐太宗，实现“贞观之治”的名相。戴胄的短处是不通经史，唐太宗不让他担任儒林学馆之职，基于他忠直、秉公办事的长处，曾任用他为大理少卿。戴胄办事利索、干练，案无滞留，并敢于执法犯颜，纠正唐太宗量刑过重的过失，使唐太宗发出“法有所失，公能正之，朕何忧也”的赞语。这既是表彰戴胄的才能，也说明了唐太宗舍短取长，用人得当。

唐太宗用人尽量冲破地域、门第、民族、亲疏等关系的局限，努力地选拔出地主阶级中各阶层甚至于出身寒门的人才，为己所用。这就是他一再强调的“明君博访贤能，广求英才，不以卑而不用，不以辱而不尊”。

他虽重用关陇集团的人物，如提拔杜如晦、长孙无忌、李靖、杜淹、杨师道、侯君集等为宰相；也兼用出身山东和江南士族中的人才为宰相，如房玄龄、王珪、高季辅、褚遂良、岑文本等。朝中文武大臣有出身原农民起义军的将领，如李勣、秦叔宝、程咬金等；有的是他的政敌部下，如原是萧铣部下的刘洎，原是王世充部下的戴胄，原是刘武周大将的尉迟敬德，魏徵最初是李密部下，后又投归太子李建成，还有李元吉部将谢叔方和李建成的亲信大将冯立等；也有一些少数民族人才为唐太宗所重用，如突厥族的阿史那思摩、阿史那社尔、铁勒人契苾何力、执失思力等；甚至还有奴仆出身的人，如樊兴、钱九陇、马三宝等。

唐太宗知人善任最为典型的是重用仇人魏徵和从布衣平民中擢用马周。魏徵早年落魄，隋末群雄纷纷起兵，曾数易其主，后被太子李建成收用。在帮助李建成争夺皇位的斗争中，他建议李建成先下手为强，杀掉李世民，魏徵在玄武门之变后成了阶下囚。唐太宗知他才华出众，不以私仇为重，从治国的大局出发，反而日见亲重，数年间从仇家而提升为宰相，任期达十四年之久。对魏徵信任不亚于自己原来的亲信杜如晦、房玄龄，经常召入寝宫，请教治国方略。魏徵也不负厚望，频加忠谏，面折廷诤，劝行仁政，不许为非，个人的政治才能充分地发挥了出来。

唐太宗赞扬魏徵“随时谏诤，多中朕失，如明镜鉴形，美恶必见”。在封建帝王中不计前嫌能达到如此开明宽容的地步极为罕见。马周家贫好学，精通《诗》《传》，后辗转到长安，寄于武将常何檐下。贞观三年（629年），唐太宗令百官上疏言政事得失。常何不懂经学，马周代笔撰写奏章，写了二十余件事。常何上奏后，竟然和唐太宗所想不谋而合。唐太宗觉得奇怪，因常何是一介武夫，舞文弄墨是其所不能，如何能有这般远见卓识？遂追问原委，常何如实相告。唐太宗感到这是一个可用之人，随即宣旨召见，由于急不可耐，求贤若渴，短短时间内竟四次派使者催促马周速来。接见交谈后，唐太宗满意之情溢于言表，马上授门下省官职，后直至提升为宰相。马周精通治国之道，而且办事认真仔细，甚得时人赞誉。唐太宗也曾亲笔题十六字相赐："鸾凤凌云，必资羽翼。股肱之寄，诚在忠良。"这是高度地评价了马周辅政的才能。唐太宗就是这样不拘一格选拔人才，从而形成了贤臣良将盈廷的贞观盛况。

为了使文人学士、谋臣勇将都能贡献自己的聪明才智，唐太宗在君臣关系中坚持用人不疑、真诚待下的原则。他对大臣们说："君臣一体，应同心协力。如果君臣互相猜疑，不能肝胆相照，是国家一大祸害。"他在《帝范》中也写道："治理国家，要靠大臣和君主同心同德。"这方面的例子举不胜举，唐太宗以诚信感动冯立是其中之一。

冯立在唐高祖朝是太子李建成的宿卫军将领，时任东宫率，很受李建成的信任和重用。因此，当李建成在玄武门事变中被诛杀时，东宫官吏见大势已去，大都溃逃散去，他却慨然长叹："岂有生受其恩，而死逃其难。"遂率东宫兵进攻玄武门。经殊死搏斗，杀了拥戴李世民的将领敬君弘后，对部下说："总算对太子有了一丝的报答。"才解散兵众离去。后来他向李世民自首，开始李世民斥责他杀死秦王府战士太多，难逃死罪，当听到冯立说自己是为了忠于职守才这样做时，李世民认为是位"义士"，随即转怒为喜，厚加抚慰，并授左屯卫中郎将，仍统兵掌管京城宿卫。冯立感动至深，对亲人说："我受到如此厚恩，一定以死相报！"

不久，李世民即帝位。乘唐室内乱，东突厥大军兵临城下，冯立率百余骑兵与突厥激战于成阳，杀获甚众，所向披靡。唐太宗闻听，非常感动。

由于唐太宗知人善任，群臣办事的主观能动性得到了充分的发挥，无不竭尽其智，毕其力、尽其能。

房玄龄官居尚书省之首时，尽心竭力，不分昼夜，唯恐有一件事处理不当。甚至病危之际，还卧床作表谏征辽东。唐太宗感动地说："他的身体这样虚弱，还忧虑国家之事，真是达到了鞠躬尽瘁的地步。"

岑文本被唐太宗任为宰相后，日夜辛劳，笔不离手，直到耗尽全力，染病身死。唐太宗破格提拔的马周，欣逢明君，也是将所有才智都发挥出来。魏徵更是喜遇知己之主，成为千古直谏方面的名臣之首。这样，行政效率就大大提高了。

《旧唐书》作者这样评论唐太宗用人及其效果："看唐太宗一朝，建立了很多功绩，实在是英明神武。他提拔人才不局限于私党，那些被重用的人都竭尽所能。屈突通、尉迟敬德由仇敌成为心腹；马周、刘洎，从疏远到委以重任。成就如此的功绩，都和他知人善任有深刻的联系。"还指出"贞观之治"的形成和唐太宗知人善任有着必然联系。

# 第三章 玄奘西行，名震印度

贞观三年（629年）闰十二月，著名僧人玄奘赴印度取经。取经归来，佛教盛行。

## 声名鹊起，待机西行

唐太宗李世民年少时身体不好，父亲李渊就到寺院祈祷菩萨保佑，在李世民病愈后造一尊石佛以示“还愿”。据《大唐创业起居注》卷一载，太原起兵时，李渊曾在兴国寺门外以“兴国”两字大做文章，暗指菩萨保佑李家起兵得天下。李世民继位后，虽然表面上仅尊重孔子、孟子、尧、舜，对于佛教并不是很在意；实际上，却对佛教表现了异常的热心。他假装托辞是为报“母恩”，在宫内建寺院，实际上是求佛大施恩惠于人民。

佛教在唐太宗继位后得到了扶植和利用。唐太宗即位不久，将通义宫送佛门为寺院，声言旨在报“母恩”，大行布施。他还几次诏令全国有寺院的地方，应适当令人削发为僧，但又严格规定了人数。《诸州寺度僧诏》规定：“京城及天下诸州寺，宜各度五八宏福寺宜度五十人。”《度僧于天下诏》规定“总数以三千为限”。贞观三年（629年），唐太宗诏令为隋末唐初之际在各战中阵亡者建立寺院，以此表明他树其福田，为阵亡者超度灵魂，显示他怜民恻隐之心，矜愍之意。

唐代，中外交往空前繁盛，玄奘法师就是在中国和印度等国的文化交流中作出杰出贡献的佛学大师和著名旅行家，同时为世界文化的发展作出了突出贡献。

玄奘原名陈祎，出家后法名玄奘。隋开皇二十年（600年），出生在洛州缑氏县（今河南省偃师县南）。他的曾祖父是北魏的上党太守陈钦，祖父陈康做过北齐的国子博士，父亲陈惠曾任隋朝江陵（今湖北省江陵县）县令。玄奘的父亲后来辞去官职回到老家，过着且耕且读的生活。陈惠精通儒学，又喜欢佛学，对孩子们的要求十分严格。

陈惠四个儿子中最小的一个就是陈祎。他从小就非常聪明，记忆力和理解力也特别强，在父亲的指点下，他八九岁时开始诵读经书，对佛学也产生了兴趣。

早在陈祎出家之前，他的二哥陈素就在东都洛阳净土寺做和尚，法名长捷。见弟弟聪明早慧，陈素便把陈祎带到洛阳，经常领他到寺里听法师们讲经。整日受佛经的熏陶，陈祎产生了出家做和尚的念头。

陈祎十三岁那年，大理寺卿郑善果被炀帝派到洛阳，准备剃度二十七名和尚。陈祎知道后，立即跑去报名。没想到听到此消息赶去报名的已有好几百个人，其中不少人还是熟读佛经并深有研究的人，他因年纪小而未被录取。当时他很难过，经常在郑善果的衙门外走来走去。

一天，郑善果在衙门外看到了他，知道他是因没被录取而在衙门外徘徊张望，便问他："为什么你年纪轻轻却一定要出家呢？"

他认真地回答："我出家是想继承佛祖释迦牟尼的事业，从而让佛教教义发扬光大留传百世。"

郑善果十分欣赏陈祎的志向和才能，又见他能对问题对答如流，便破例录取了他，让他剃度进入佛门。郑善果感慨地对同僚们说："这孩子风骨难得，将来必能成为佛门高僧，可惜我年岁已大，看不到他成材的那一天了。”

陈祎出家后，法名玄奘。

玄奘与哥哥长捷同在净土寺。那时寺中有位景法师讲《涅槃经》，他随众听讲，孜孜不倦，废寝忘食。又向严法师学《摄大乘论》，他听了一遍，大意尽通，认真学习，无所遗漏。众僧大为惊异，共同推举玄奘开座复讲。他当仁不让，讲解精粹，穷尽奥妙，大名也就从此传开了。当时玄奘才十三岁。

隋朝末年，农民起义此起彼伏，东都洛阳仍处在隋朝残余势力王世充的统治下，洛阳城破败不堪，玄奘就向他的哥哥建议到长安去。后来，他们到了长安，住在庄严寺。可是，唐王朝刚刚建立，百废待兴，没有时间顾及佛事，以至于在长安的佛学高僧大多离开长安，去没有受到战争影响的四川。于是，玄奘又和他的哥哥离开长安，经子午谷来到汉川，跟随篷空、和景二位法师学习了一个多月，然后一起前往成都。各方高僧也因蜀中安定相继聚集在此地，于是大开法筵，宣讲经论，使玄奘有机会从道基、宝逻二法师听讲《阿毗昙》《摄大乘论》，从震法师听讲《发智论》。玄奘对诸部经书在两三年间就全部通晓，名声也传遍了蜀、关、荆、楚各地。

唐高祖武德五年（622年），这时的玄奘正好在成都受佛教最高的受戒形式“具足戒”。由于他把蜀中所有的经论全都钻研了一遍，于是想出去远游求师以解答疑难。当时住在成都空慧寺的二哥不放他走，玄奘只好私下和商人结伴，沿三峡顺流而下。到荆州天皇寺后，给慕名而来的人们讲《阿毗昙》《摄大乘论》，镇守荆州的汉阳王李元庆率领僚属们也慕名而来听他讲法。

讲完后，玄奘继续向北周游，访问众高僧。到桐州向休法师质疑；又到赵州向深法师学要典《成实论》。武德八年（625年）入长安大觉寺，从岳法师学小乘经要典《俱舍论》，能读一遍而知其意旨所在。

这时的长安，佛事已经比较繁盛。玄奘经常在大觉寺听僧辩和法常两位佛家大师讲解佛经。在众多听讲的和尚中，玄奘学习和理解得最好，因而两位法师对他大加赞赏，称他为佛门的“千里驹”，玄奘由此在长安成名。

随着玄奘对佛学的研究越深入，产生的疑问就越多。他发现国内翻译的佛经很不齐全，已有的译本也有很多前后不一致和令人百思不解的地方。为寻求佛法，取得真经，弄清佛经的真实含义，他决心到佛教的发源地印度去。

武德九年（626年），印度那烂陀寺戒贤三藏的弟子明友法师来到长安传“瑜伽学”，长安的许多高僧都是他门下的徒弟。玄奘得此良机向他请教，十分钦佩明友法师佛学造诣的高深，自此对瑜伽更加倾心，并决心西行到印度那烂陀寺，向戒贤三藏求学：一方面解开心中的疑惑，另一方面取回《十七地论》（即《瑜伽师地论》）。

当时的唐王朝刚建立不久，北方及河西一带经常有突厥入侵的威胁，朝廷对出国西行的人控制得很严。玄奘约好几个志同道合的人，向朝廷上疏申请去印度取经，结果没获批准。同伴们都退却了，而玄奘却一如既往地坚定不移。

贞观元年（627年）八月，有一位秦州僧孝达在长安学习《涅槃经》

课满还乡，玄奘不顾一切和僧人孝达一块儿来到了秦州，然后自己又随人经兰州，到凉州。凉州是河西一大都会，经常有来往不绝的葱岭以西各国商人。玄奘在凉州停留一个多月，应邀讲经。西域诸国商人施奉珍宝无数，他只留一半作燃灯费，剩下的都给各寺庙。西域客商回本国后，玄奘的美德和要西行求法的弘愿在四处受到宣扬。因此，西域各大城市都非常期待这位高僧的到来。

凉州都督李大亮奉命禁止百姓出边境，而且防范特严。忽有人报告说，有僧人从长安来，想要西行，不知何意。李大亮闻听，将玄奘找来追问缘由，玄奘明确回答“要向西国求法”。李大亮拒绝了他的请求，并令他回长安去。河西佛教领袖慧威法师非常钦佩玄奘的志向，就派了道整、慧琳两名弟子，协助他偷偷出境，昼伏夜行，来到了瓜州城（今甘肃省安西东南）。

瓜州刺史独孤达是个佛教徒，并没有为难西行的玄奘。玄奘在这里了解到西行的道路有南北两条，北路由瓜州向北到伊吾（今新疆哈密县）、高昌（今新疆吐鲁番市），沿着天山南麓向西走，经龟兹至疏勒，由疏勒越过葱岭，进入中亚细亚，再往西南，可达印度；南路由瓜州到敦煌，沿着现在的阿尔金山脉，经鄯善（今新疆若羌县）、于阗（今新疆和田县）到达莎车，然后越过葱岭，进入中亚细亚，再向西南行，可以到印度。由于北路比较安全，所以当时的商队主要取道北路。

经过再三考虑，玄奘决定走北路。可是，从瓜州北行五十多里，有一条瓠卢河，河的上游狭窄而下游宽阔，水很深而且水流湍急，很难渡过。河边是西行的必经之路玉门关，玉门关西北有五座间距百里的烽火台，里面有军队把守，烽火台之间根本没有水草补给，只有烽火台附近才有。除此之外还有大沙漠横亘着，大风一起，沙尘蔽日，人马难以行走。那大漠八百里，天上没有飞禽，地下没有走兽，也无水草，途中常可见到堆堆尸骨，那是不幸旅人的遗骸。玄奘了解到这些情况，却没有动摇西行的决心。

就在这时，追捕玄奘的公文被凉州都督李大亮派专人送到瓜州吏李昌手中，公文上写道："有个和尚名玄奘，从长安出发向西行，已过了凉州，要去西域。沿途各州县如若有发现他的行踪，应该严令捉拿，不得耽误。"万幸李昌也是信奉佛教的，他找到玄奘后，当面将公文撕毁，让玄奘赶快离开瓜州。

这时，慧琳返回了，道整已先去了敦煌，只剩玄奘孤身一人留住当地寺院中，虽然他有一匹马，但苦于无人引路。恰巧有一名叫石槃陀的人来寺中拜佛，于是玄奘给他受了五戒。石槃陀非常感激，答应亲送玄奘过五座烽火台。随后，石槃陀引见一老翁。老翁告诉玄奘，西路险恶，许多人同行都有中途丧命的，你自己一个人又怎么能去得了，并劝玄奘还是不要去了。玄奘断然答道："贫僧为求大法，发誓前往西方，如果到不了婆罗门国，就不回来，即使死在途中也不会后悔。"老翁被他的诚心所感动，送给他一匹赤色的识途老马。

## 僧俗情深，饱尝艰辛

收拾行装后，玄奘和石槃陀连夜赶路，三更时分偷渡过瓠卢河，休息了一会儿。天刚发白，玄奘催促继续西行，但石槃陀已经动摇，他说："我眼看前途险恶又遥远，没有水草，只有五烽下有水，必须夜间偷水而过；只要一处被发觉，性命便会不保，不如返回为妙。"

玄奘决心不为所动，因为石槃陀不想前行，就放他回家去了。此后，玄奘西出玉门关，孑然一身。

这时的沙漠一望无边，黄沙荡荡，无路可循，他只有沿着一堆堆的骸骨和马匹、骆驼的粪便向前行走。沙漠的白天热风似火，他走一会儿就已经汗流浃背，口干舌燥了。有时又狂风大作，飞沙走石。在艰难又顽强地跋涉了八十多里以后，终于望见了第一座烽火台。怕被守军发现，玄奘只好白天隐伏在沙沟里，晚上才敢把马牵出来，走到烽火台附近的池水边，饮马喝水。

正当他低头取出皮囊盛水的时候，忽然一支箭嗖地从他的头顶掠过，他被哨兵发现了。玄奘被哨兵带去见校尉王祥，值得庆幸的是王祥也是个信佛的，查清原因后，王祥对他很是尊敬。王祥考虑西行的路途如此遥远艰险，想把他送到敦煌去，玄奘斩钉截铁地回答："我为了求取佛法真经，才不顾性命到此。校尉亦是佛门弟子，应该激励我前进而不是劝我回去。如果校尉不肯放行，我情愿受应得的刑罚，但绝不后退一步！”

王祥被他的诚心所感动，亲自送了玄奘一程，给他指明直达第四座烽火台的道路，并交代守台校尉王伯陇给予关照。

玄奘顺着路继续向前走，夜里来到了第四座烽火台，恐怕又会被他们留住为难，只想着悄悄地取上水然后继续赶路。谁知未到水边，又被哨兵发现，玄奘只好按王祥所嘱去办。王伯陇果然非常欢迎，留宿一夜，又取大皮囊及马麦相赠。临别时王伯陇还关照玄奘不要去第五烽，那烽官脾气粗鲁，恐怕会生他的气，此去百多里有野马泉，可取水。

玄奘离开第四烽，便进入长八百里的莫贺延碛。在茫茫大沙漠中，天上无飞鸟，地下无走兽，更没有水草，夜间只有磷火闪闪，阴森可怕，风卷着沙尘飞扬，玄奘独身一骑，口诵经文步步向前。他走了百余里，迷失了方向，找不到野马泉。他拿起皮囊准备饮水时，不料一时失手，所有的水都倒在沙地里。他心中万分悔恨，想再回到第四座烽火台去取水，于是掉转马头往东走了十几里。他忽然想起：“我当初发誓，若不到印度，绝不向东后退一步。现在宁愿向西行走而死，也绝不能向东返回而求生。”于是立刻勒马向西前进。他在沙漠中一直走了四五天，滴水未进，起先只是口干舌燥，后来全身焦躁，呼吸困难，嘴唇出血，马也因为饥渴不能走路，最后人和马都倒在沙漠里，昏了过去。这一天的半夜，一阵凉风将玄奘吹醒，马儿也站了起来，又赶了几里地，玄奘终于发现了一块草地和一池明亮的泉水。在这里休息一天后，玄奘用皮囊盛上水，又走了两天的路程，终于逃脱恐怖的沙漠，来到西域的伊吾国。

玄奘取经

玄奘投宿在伊吾的一个寺庙后，受到僧人和国王的接见，国王还把他请到宫中供养。当时高昌王麴文泰听说大唐高僧来此，立即派使者到伊吾，要伊吾王将玄奘护送到高昌，并命贵臣们途中迎接。玄奘本打算从这里取道可汗浮图，因高昌王盛情难却，在伊吾停留十余日，便来到高昌。半夜时分他才到达王城，守门官启奏国王，破例打开城门。国王与侍人前后秉烛，亲出宫门迎入后宫。国王让玄奘坐在一座重阁宝帐中，殷勤拜问。次日清晨，玄奘尚未起床，国王已率领王妃等前来礼问。国王说："我再三考虑，沙漠里杳无人烟，这一路上有如此多的艰难险阻，而你一个人就能来到这里，真是个奇迹！"流泪感叹不能自已。

高昌王想留玄奘在高昌传法，劝他不要再去西方求取真经，但几次挽留都被婉言拒绝。国王有点恼羞成怒，大声说："你面前只有两条路要走，一条是把你送回你的国家，一条是留在这里，还希望你再多考虑一下！"玄奘坚定地答道："贫僧远游，只为求取大法。今日既然被阻，就算我的身体留在这里，神识终不会羁留此地！"说罢泣不成声。国王见硬的不行，便施以恩泽，每日亲自捧盘送食。玄奘决心已定，并开始拒绝进食，希望能感化国王。玄奘坐在那里一句话都不说，三天滴水未进。到了第四天，高昌王发现玄奘气息微弱，赶忙叩头认罪！随后，两人义结金兰，并约定取经回来时，玄奘必须在高昌国传法三年。

经过这番周折，高昌王对玄奘越发崇敬。玄奘离开高昌国时，麹文泰为他准备了三十四马、千名和尚、二十五个役夫和足够旅行二十年所需要的各种用品，又写了二十四封信给沿途二十四个国王，请他们在玄奘经过时给予照顾，每个都附上一匹大绫作为礼品。麹文泰还亲自给自己的亲戚，西突厥的叶护可汗写了一封书信，并向叶护可汗说明玄奘是自己的结拜义弟，请可汗帮助和照顾，另附绫绢五百匹等作为礼品。玄奘为之十分感激，写了一篇《谢高昌国王启》，表达他对麹文泰的谢意。

贞观二年（628年）二月间，玄奘开始继续向西前行，经无半城，笃进城，到阿耆尼国（今新疆焉耆）。国王与诸臣来迎，留他在国内，稍事休息。第二天起程向西行了数百里入屈支国（今新疆库车），国王、群臣和僧侣数千奏乐迎接。当地有高僧名木叉鞠多，在印度曾游学二十多年，最善声明之学。玄奘起初很是礼敬，后听鞠多以小乘自足，却毁谤说大乘经《瑜伽论》是邪说，大不以为然，因此和他辩论。玄奘所提质疑，鞠多不能解答，只得以年老忘记自我解嘲。由于凌山雪未化，路不能通，不能进发，玄奘留驻六十余日，除了欣赏屈支国的山水风景，常和鞠多说法。鞠多深感玄奘佛学渊博，私下对人说，印度僧中年轻的学者也未必有如此多的学问。临行日，国王和僧侣百姓倾城送别。

离开屈支国，玄奘又向西走了六七百里，到了跋禄迦国。停留一夜后，又向西北行三百里，到了凌山。在这里，终年积雪的凌山出现雪崩的情况，再加上风雪交加，山路窄又难以行走，他们走了七天，方才走出山。从高昌护送玄奘西行的人，已死去三分之一以上，所带牛、马死亡的更多。

出山后便到热海，玄奘等人沿海向西北行了五百余里，到达素叶城，正好赶上叶护可汗在那里游猎。当玄奘将高昌王的亲笔信和礼物呈给可汗后，可汗大喜，请玄奘先至可汗衙所安住，自己两三日猎毕即归。三日后，可汗回到衙所，坐在金碧辉煌的大帐中接见玄奘。当玄奘离帐三十多步时，可汗已出帐欢迎。可汗还特地为玄奘设一把铁交椅，铺上垫子请他坐下。随后设宴奏乐，引进西突厥达官贵人以及唐使者、高昌使者入座相陪，场面庄严肃穆。宴后，可汗请玄奘对众宣讲佛法，因此玄奘停留数日。可汗说："印度气候炎热，不值得你去。"玄奘仍申诉西行求法的大志。可汗知道他意志坚定，于是相助。很快物色到一位通汉语和西域诸国语的青年，让他草拟了几份给各藩国的书信，并护送玄奘到迦毕试国。

玄奘告别可汗，向西又行走了百余里地来到千泉，这里水流清澈见底，树叶繁茂，是可汗避暑的地方。又西行，经咀逻斯城，至白水城。由白水城向西南行走，中途经过笯赤建国、赭时国、窣堵利瑟那国。玄奘他们又向西北进入了茫茫大沙漠，这里没有水草，只有看着那一堆堆遗留下的骨头继续前进，至飒秣建国。飒秣建国的国王和老百姓不信仰佛教，玄奘初至，国王接待简慢。玄奘住宿后赞扬佛德，讲说天人因果，使国王皈依佛教，百姓也纷纷信佛。

玄奘再向西南行到羯霜那国，之后进山，行三百余里始至铁门，后再至睹货罗国。玄奘又从睹货罗国继续向前走渡过缚刍河，来到活国，在此停留了一个多月，来到小王舍城参观了佛教的许多圣迹，并和当地僧人慧性研读小乘经典。由于锐末陀、胡实健国的国王盛情邀请，玄奘不得不前往。两国国王非常高兴，他们给玄奘许多金银财宝，但玄奘没有接受就返回了。

玄奘等离小王舍城后，南行入揭职国。翻过八大雪山，行过六百余里，才出了覩货罗境，入梵衍那国。梵衍那国东西长约两千里，处在雪山口中，道路艰难险阻，不亚于冰川沙漠之地，满天疑云，千里都是飞雪，几乎没有好天气。玄奘饱尝艰辛，才到都城。国王给予他殷勤的招待，还将其接进宫中供养。从都城向东南行，经过大雪山来到小川，经过十五天的行程方才出了该国的国境。接着遇到两天大雪，迷失道路。后经猎人指示，才翻越黑山到迦毕试国国境。玄奘一到，国王与众僧出城一起相迎，遂在此停住一段时间。

离迦毕试国后向东越过黑岑，入北印度境。

从唐贞观元年（627年）离开长安，到达北印度已经是第二年夏天即将结束的时候，历经二十多个国家，跋涉一年之久。

玄奘到犍陀罗国后，在都城布路沙布罗参观了许多佛教名胜，如城东北的佛钵宝台，城外东南的高一百多尺的一棵菩提树，树下有四座如来佛像，菩提树侧边有一座高四百多尺的佛塔。他参观礼拜后，把高昌国王和叶护可汗赠送的金、银、绫、绢、衣服等赠给各大佛塔、大佛寺的寺僧们。

之后他又来到乌铎迦汉荼城，出了城向北翻山越岭进入乌仗那国，再南渡信度河至呾叉始罗国，又东南至僧诃补罗国，又行山路至乌剌尸国，更向东南渡铁桥，前行千余里，至迦湿弥罗国。这个时候已是贞观二年（628年）的冬季了。

## 刀下逃生，周游印度

玄奘将到王城，国王亲自率领官员、僧侣等一千多人，纷纷出城欢迎，并请他乘坐大象进城，住在阇耶因陀罗寺。第二天玄奘又被国王请到王宫，国王又请来本国的佛学高僧十来个人，和玄奘一起住进了王宫，由国王供养。大德僧称法师不顾自己年老体虚，向玄奘讲授了小乘佛教的主要经典和“因明学”（逻辑学）、“声明学”（音韵学）。国王还特意派了二十个佛门弟子帮助玄奘抄写佛经。玄奘在这儿用了两年的时间，刻苦背诵研究了该寺院收藏的佛教徒们第四次结集的三十万颂经论，将其全部熟悉掌握后，玄奘又开始了他新的旅程。

玄奘向西南跋山涉水至半簸嗟国，从此东行至遏罗阇补罗国，再东南下山渡水至瑜迦国。从监波国至瑜迦国，都属于北印度的国境，这里的风俗习惯十分骠烈，人们礼节少义气薄，骁勇善战，难免有些不良风气。玄奘从遏罗阇补罗国到瑜迦国巡礼时，还遇到了不小的麻烦。

当玄奘出遏罗阇补罗国后，两天后渡河至阇耶补罗城，中经奢羯罗城，到那罗僧诃城。再东行穿波罗者大森林时，玄奘突然遇到强盗五十多人，不但衣食全被抢劫，而且差点丧命。

幸好池边有个水穴，玄奘才得以脱逃，并遇到一位耕地的婆罗门。婆罗门召集八十余百姓赶走了群贼，还救出了玄奘其余同伴。玄奘在村中一户人家投宿时，许多人因为丢失了财物而哭泣，只有玄奘脸上面带欢笑，并没有忧愁之状。大家对此感到奇怪，问他缘故，他坦然答道："人生性命是最重要的，性命既存，区区衣食又何足惜！"说得大家转悲为喜。

在瑜迦国，玄奘还访问了一位传说七百岁的婆罗门人。此人看上去不过三十余岁，形体魁梧高大，有渊博的知识。两人谈话十分投机，他得知玄奘遭遇劫匪，便号召大家敬施。玄奘也为他们讲经，说因果报应，大受欢迎。玄奘在此停留一月，他从婆罗门那里学到了《经百论》《广百论》等书籍的有关知识。这位高寿的婆罗门是龙猛的弟子，亲得师传，将这些经文讲得十分透彻。

玄奘又东行到至那仆底国，在突舍萨那寺投宿，寺里面有位高僧名叫调伏光，他很有风度，著有《五蕴论释》《唯识三十论释》。玄奘在此留居十四个月，随从学习《显宗论》《对法论》《理门论》等。接着，东北行至阇烂达罗国，在那迦办驮那寺投宿，用时四个月，向寺中高僧旃达罗伐摩学习《众事分毗婆沙论》。

从这里向东北长途跋涉，经过一些险恶的路途来到了屈露多国。又南行越山，渡河至设多图庐国。又到达西南的波里夜咀罗国，进入中印度境内。玄奘他们向东行走来到秣菟罗国，向东北行至萨他泥湿伐罗国。又东行至窣禄勤那国，窣禄勤那国东面临近恒河，北面靠着大山，阎牟那河从它边境中流过。沿河东行八百余里至恒河源，水味甘美，细沙随流。印度俗书称为"福水"：进入河水中洗澡，可以除去身上的罪恶；用水来漱

口，可以免去祸患，在这条河中被淹死的人据说可以升天。因此男女百姓，常在河边集聚。国中有高僧名阇耶鞠多，精通佛法，玄奘于是在这里从冬天住到春天，直至听讲《经部毗婆沙》完毕。

这年晚春渡河来到秣底补罗国。该国有高僧名蜜多斯那，年九十，佛法高深。玄奘因此停留半春一夏，在此学了《辩真论》《随发智论》等书。然后北行至婆罗吸摩补罗国，又到达东南的垩醯掣呾罗国。又南渡恒河，再西南至毗罗删那国。行至东边的劫比他国。之后，顺恒河而下到达羯若鞠阇国。这个国家的国王就是戒日王，他信奉佛教非常虔诚，派人到处建造佛塔，雕塑佛像，兴建佛寺。仅曲女城就有一百多座寺院，一万名僧尼。玄奘在跋达罗毗诃罗寺学习了三个月佛经。

然后，玄奘渡过恒河，再南行至阿瑜陀国。瞻仰完阿瑜陀国的名胜古迹，他立即与八十多人顺着恒河乘船东下。途中忽遇贼船拦截，将众人衣服脱光，搜求珍宝。这伙群盗信仰供奉突伽天神，每年秋天寻找外表端正、容貌较美之人，然后杀掉他，取其肉血来祭祀，以此来祈求福门降临。今见玄奘正合标准，相视而笑道："我们祭祀节将到，正担心找不到好的祭祀的东西，这和尚生得这般好，杀了祭祀必会大吉大利。"随后便在岸边林中设立祭坛，准备在祭坛上杀了玄奘。在这千钧一发之际，玄奘自知难逃此劫，闭目打坐，异常镇静，众贼目瞪口呆。同伴无法搭救，同声号哭。突然之间，到处起了黑风，沙尘满天飞，而且把树木都折断了，河水汹涌澎湃，浪花拍打着河岸。贼徒大惊失色，忙问玄奘同伴："这是何人？"同伴们齐声回答是大唐高僧，并说："你们要杀他必遭恶报，赶快忏悔吧！"这伙盗贼心里非常害怕，都叩头向他求饶。玄奘遂讲因果报应，劝他们改邪归正。这伙贼都将武器投入河中，把衣服归还原主，并接受五戒，欢欢喜喜告别而去。

此后，玄奘又开始周游印度，到处游览佛教圣迹。先东行渡恒河，再北行至阿耶穆佉国。从此东南行又渡恒河、阎牟那河，又向北到达钵罗耶伽国。从钵罗耶伽国向西南行走进入森林，凶恶的猛兽、野象经常在此出没。又来到憍赏弥国。又东行至鞞索迦国。继续东行，玄奘等人在室罗伏悉底国参观了释迦牟尼生前长住的祇洹精舍，在劫比罗率国的古迦比罗卫城，瞻仰了释迦牟尼父亲净饭王的正殿、释迦牟尼诞生处，在婆罗尼斯国参拜了释迦牟尼成道后首先说法的鹿野苑和释迦牟尼的洗衣池、浴池。从此东南行至劫比罗伐率堵国，再东行荒林至蓝摩国，后又至拘尸那揭罗国，再入大森林行至婆罗马山斯国，顺流而上东行至战主国，又东北渡恒河至吠舍厘国，又至摩揭陀国。该国有五十余所寺院，万余僧人，是大乘佛学的中心，圣迹很多。玄奘先在无忧王原来的城堡遗址参观圣迹，七天才观看完。又西南行六七日至底罗磔加寺，寺中僧人纷纷出来迎接。离寺南行到菩提树，如来就坐在此树下成无上等觉。这菩提树树叶发黄，茎发白，枝叶青润，秋天冬天都不凋落。只有到了如来涅槃的日子树叶会突然落光，经过一晚上又长得跟先前一样。每到此日，诸国王和臣僚们共集树下以乳灌洗，将落叶全部收集好。

玄奘巡礼圣迹到此处，瞻仰慈氏菩萨所作成道时像以及菩提树，不觉五体投地，自伤自叹，眼泪满眶。在此停留八九日，然后向那烂陀寺进发。那烂陀寺是印度最壮丽的佛教寺院，有八个规模宏大、气势雄伟的大院，高高矗立于周围五十多所佛寺中，与之交相辉映，十分壮观。寺内住着四千多僧侣，再加上客居的僧人、俗人，总人数上万。这里也是当时印度文化的中心所在，有许多精通各项学术的学者，他们藏有不少大小乘经典，以及声明学、因明学、天文、医药、地理、技艺等书籍。主持这个寺院的是戒贤法师，已经一百多岁了，是印度当时德高望重的权威学者。

那烂陀寺的僧众热烈欢迎远道而来的中国和尚玄奘来此参学。玄奘到达的那天，有两百多名那烂陀寺僧人和一千多名百姓，捧着香和花来到路上迎接。在大家的赞叹中，玄奘进入了那烂陀寺。

在那烂陀寺，玄奘和大家一一敬礼相见，然后在众人的簇拥下，按照寺内的规矩，先去拜见了戒贤法师，并拜戒贤为师。戒贤法师很客气地请他坐下，询问他从何方而来。玄奘回答说："弟子玄奘从中国来，想要以正法藏为老师，请求教诲指点。""正法藏"是戒贤法师的尊称，"正法"即佛法，"藏"为包含万有的意思，合起来就是指对佛教经典全部通晓的大师。

戒贤法师十分高兴，又问了玄奘几个问题，玄奘都作了详尽而又正确的回答。师徒二人谈得很投机。原来，佛教经典包括律、经、论三个方面，又称为"三藏"。在那烂陀寺的四千多个和尚中，精通二十部律、经、论的有一千多人；精通三十部的有五百多人；精通五十部的只有九人，只有这些人可称为"三藏法师"。那烂陀寺是印度佛教的中心，按照教规，除了正法藏戒贤法师外，还应拥有十名三藏法师，可是这个愿望一直没有实现，它成了戒贤法师的一桩心事。现在，玄奘来了，他是精通五十部以上律、经、论的高僧，可以当之无愧地获"三藏法师"的称号。这样，那烂陀寺"三藏法师"的人数就符合教规要求了。戒贤法师因为这个十分高兴。

戒贤法师对玄奘的期望很高，不仅勉励他在学问上精益求精，在生活上也像招待上宾一样对待他。每天供应他担步罗果一百二十枚、豆蔻二十颗、槟榔子二十颗，龙脑香一两，并供给“大人米”一升。“大人米”是这里的特产，做饭香鲜，米粒特别大，平时只供国王和最有成就的学者食用。另外，法师还拨给他一名侍者，一名婆罗门，帮助玄奘料理琐碎的事务。他出去可以坐一种装在象身上的轿子。

玄奘在寺中住下后，先到南部五舍城一带短时间地寻访佛教圣迹。礼毕后返回，请戒贤法师讲《瑜伽论》。戒贤法师破例为玄奘开讲，同听者数千人，前后十五个月才讲完。玄奘在寺，听了三遍《瑜伽论》，一遍《顺正理》，一遍《显扬》，一遍《对法》，《因明》《集量》《声明》等论各两遍，《中》《百》两论各三遍。其他如《婆沙》《俱舍》《六足》《阿毗昙》等曾在迦湿弥罗诸国听过，在此仅提出问题，请戒贤解答。

玄奘留学那烂陀寺一年余，兼学婆罗门书，深通大小乘学，声誉鹊起。但他学而不厌，打算再游历南印度许多国家，进一步求得真经。于是前往伊烂拏钵伐多国。国中有两位高僧，一名师子忍，一名如来密。他们都精通《萨婆多》部。玄奘遂留学一年，研读《毗婆沙》《顺正理》等。从此东行至瞻波国，又行至羯朱嗢祇罗国，又东渡恒河至奔那伐弹那国，往东到达迦摩缕波国，一路寻礼圣迹。

随后又东南行至羯罗拏苏伐剌那国，此时已经到达东印度境。玄奘他们又向东南行至临近大海的三摩怛吒国，再西行至耽摩粟底国，从此西南行至乌荼国，又向西南行走来到恭御陀国，后又入大荒林来到羯棱伽国，到了南印度境。从此西北行至侨萨罗国，又重新回到中印度境内。该国有位婆罗门善解因明，玄奘在此停留了一段时间，阅读了《集量论》。

之后，入大森林向东南行又至南印度境的索达罗国，又南行至驮那羯磔迦国。玄奘在驮那羯磔迦国遇到了两名僧人，一个名叫苏部底，一个名叫苏利耶，都精通大众部三藏。遂留居数月，学《大众部》《根本阿毗达磨》等论。他们也从玄奘那里学到了大乘诸论。

## 虚心求学，名震印度

玄奘继续西行至珠利耶国，南经大森林至达罗毗荼国，继而又朝西北方向行走，来到荼建那补罗国，又西北经大林猛兽荒野，至摩诃剌陀国，又西北渡河行至跋禄羯咕婆国，又向西北行走来到阿吒厘国，后来到契吒国，再北行到腊毗国，然后又达阿难陀补罗国，进入了西印度国境。玄奘接着西北行至苏剌侘国，又东北行至瞿折罗国，又东南行至邬阇衍那国，重新回到南印度境内。从此东行至掷枳陀国，又折而北行至摩醯湿伐罗补罗国，又返回中印度地域。从此又西返苏剌侘国，再西至阿点婆翅罗国，又西北行至狼揭罗国。狼揭罗国濒临大海为西印度西部边境。

随后东北行至臂多势罗国，又行至阿舆荼国，又东行至信度国，又东行渡河至茂罗三部卢国，随后到达钵伐多国，进入北印度境。此国有几位高僧，玄奘因此留下来在这里住了整整两年，学习了“正量部”《根本阿毗达磨》《摄正法论》《教实论》等。

玄奘四处游学，遍及印度东南西北数十个国家，每到一个地方，便参观名胜古迹，参拜名师虚心向他们请教，在贞观十二年（638年）冬又回到那烂陀寺。他参见戒贤法师后，得知在那烂陀寺西边不远底罗择迦寺，有一僧名般若跋陀罗，精通“一切有部”和《声明》《因明》等，于是就去请求解答疑难问题，在这里留下住了两个月。随后又往杖林山居士胜军论师处，从学《意义理论》《唯识决择论》《不住涅槃论》《成无畏论》《十二因缘论》《庄严经论》，并且问及《瑜伽》《因明》等疑义。从开始学到学完用了两年的时间。课程学毕，再度回到那烂陀寺。

这时的玄奘对佛学各派已能做到融会贯通，达到了很高的境界。戒贤亲命他为众人讲《唯识决择论》《摄大乘论》。此前寺内高僧师子光已为众人讲《百》《中》论，对发挥“非空不空”的《瑜伽论》颇加指摘。玄奘认为圣人立的教义等应从不同的角度来论说，但这并不自相矛盾；后人不能明白其中的内涵，以至于有争议，这是流传中讲授有错，并不是佛旨有错误。为了阐明此理，他数次前往诘难。师子光无法回答他的问题，于是原听师子光讲法的都归附到玄奘这边来了。玄奘为和会二宗所言，相互不违背，遂著《会宗论》三千颂。《会宗论》写完后，给戒贤以及众僧看，没有不称赞写得好的。师子光惭愧已极，另找东印度一位同学名叫旃陀罗僧诃来相辩难，希望能将羞辱洗刷。哪知这位老同学到后，慑于玄奘大名，竟默然不敢发问。玄奘声誉传播得越来越远，他被公认为当时佛学界的权威人士。

戒日王征服了印度的五部，他既是中印度的英主，又是那烂陀寺的护法。有一次他亲征恭御陀国，经过乌荼国，该国信仰小乘佛教。该国僧人见戒日王后攻击那烂陀寺的大乘教是空华外道，并呈上《破大乘论》七百颂。这部经是南印度王般若鞠多著的。僧人还说："我宗如是，大乘岂能难破一字！"戒日信仰大乘教，斥责他们是井底之蛙，见识浅。小乘僧徒不服，请戒日召集两派讨论真正的佛法是谁。戒日王于是给戒贤法师写了封信，请他选几人到乌荼国辩论。戒贤挑选了海慧、智光、师子光和玄奘前往，但前面三个人心存胆怯。玄奘道："小乘部三藏，我在本国及入迦湿弥以来，已经全部通晓，他们不可能攻破大乘，愿诸位勿须烦忧。"海慧三人听完玄奘的话，转忧为喜。正要出发，戒日王又来书，请稍待再说。

当时有一个婆罗门，在那烂陀寺门口挂了自己写的十余条理论，并且狂妄地宣称："如果有人能驳倒我一条，我甘愿自断头颈。"几天以后，仍然没有人可以驳斥这些理论。玄奘请戒贤法师等作证人，和那个婆罗门辩论。结果，那个婆罗门被玄奘驳得哑口无言，不得不低头认输，请玄奘按照约定来办此事。玄奘说："和尚不杀人，你就在我身边做些杂务吧！"

此后，玄奘为赴乌荼国辩论，在研读《破大乘论》的过程中发现了几处疑问，于是便问在身边做杂务的婆罗门是否听过《破大乘论》，那人答道听过五遍。玄奘欲令他讲解，但婆罗门说："现在我是服侍你的奴仆，怎敢给尊师讲解。"玄奘道："这是外宗，我从来没有接触过，你但说无妨。"婆罗门恐怕被外人听见污辱了玄奘的名声，便要求玄奘夜深人静时独自听他讲解，玄奘答应了，于是夜里斥退诸人，令婆罗门讲了一遍，便明白了其中的精华所在。遂寻书中谬处，申大乘义批驳，著《破恶见论》一千六百颂。拿给戒贤法师并给僧人们宣讲，众人无不称赞说："如此精详，何敌不摧！"玄奘随后对婆罗门说："你辩论失败沦为奴仆，受到的耻辱已经够多的了，现在我打算让你回去，随便你到哪个地方。"婆罗门满心欢喜地告辞，往东印度迦摩缕波国，对鸠摩罗王讲述玄奘是如何的有学问。

紧接着鸠摩罗王派使者给戒贤送书，请玄奘来国讲法。戒贤考虑到戒日王原令去乌荼国辩论，于是委婉地拒绝。就这样，三派使者来请玄奘均遭到拒绝，鸠摩罗王非常生气，想用武力威胁逼其就范。戒贤法师恐兴动干戈，就让玄奘随使者前往。玄奘来到后，非常受人们欢迎，国王请他在宫中住下。玄奘在此国宣讲佛法，破除邪说，并为国王回答"佛功德"问，著《三身论》三百颂。

一个多月后，戒日王远征回来后，一听说玄奘在鸠摩罗王那里，于是派使者接玄奘回来。

鸠摩罗王当即准备象车两万乘、船三万艘，浩浩荡荡，亲自将玄奘送到戒日王那里，途中经过了羯朱嗢祇罗国。不久以后，鸠摩罗王将玄奘安置在准备好的恒河北岸的行宫中，然后与大臣们渡河到河南岸拜见戒日王。戒日王见玄奘心切，当天晚上初更天就渡河前往。戒日王见面后首先向玄奘行了足下顶礼，然后散着香华，并致颂词。礼毕，戒日王问道："我听说你们国家有《秦王破阵乐》这首歌舞曲，不知道秦王是个怎样的人，有什么功德值得如此赞颂？"玄奘于是陈述唐太宗圣明英武，除暴平乱，平定天下。戒日王也深表赞许，并且邀请玄奘第二天来宫中讲法。

第二天一早，戒日王派使者来迎接玄奘和鸠摩罗王一同前去，戒日王亲自出来迎接。礼毕，戒日王索观《破恶见论》后，赞叹不已。接着，玄奘敞开心怀大谈大乘教、小乘教的利与弊。戒日王妹妹也非常专注地听讲。这时，戒日王提出在曲女城召开一大会，戒日王下令要印度各国通晓经典义的僧俗，在都城集会，聆听中国学者的演讲。

唐贞观十六年（642年）十二月，在曲女城召开法会，精通大小乘经的三千多个高僧、那烂陀寺的两千多僧众以及两千多婆罗门教和其他宗教的教徒聚集在一起，这是五印度学术界规模空前的大聚会。

玄奘任大会主讲，主要宣讲的是《大乘论》，玄奘还在会场门口悬挂了他亲自写的《破恶见论》，向与会者宣布自己的观点。可是，公布之后，从早到晚，无人与之论辩。大会连续举行了十八天，玄奘精彩的论述把众人完全吸引住了，一直没有什么人对他的讲解提出异议。在大会结束的时候，戒日王送给他金钱一万、银钱三万、上等僧衣一百领，他都没有接受。

按照印度的习俗，凡是辩论胜利的人就有资格骑着大象游行。于是戒日王请玄奘乘坐一匹装饰得十分华丽的大象，以此来表彰玄奘法师以义服人，论述精妙。玄奘再三谦让不过，只好乘上大象。大家将他的袈裟掀开，向群众宣扬："中国法师发扬大乘教义，打破一切异见，在这次法会当中，没有一个人敢于出面辩论，普天下的人都应该知道这件事！"当时人们情绪高涨非常高兴，争相给玄奘赠送荣誉，大家烧香散花，法会在众人热情的欢呼声中结束。从此，玄奘名震印度，无论哪一学派的人都对他十分钦佩。

接着，玄奘应戒日王之邀光临五年一度、为期七十五日的无遮大会，这是一种规模庞大的布施活动。他们一行来到设在钵罗耶迦国的大施场，到达的僧俗人达到五十多万。戒日王身后跟随着从曲女城赶来的十八国国王，他们也来到这里，经过八轮施舍，戒日王将五年来府库积蓄施舍得干干净净，就连他自己身上的衣服、璎珞、耳挡、臂钏等也施舍出去，然后向妹妹讨来粗布衣穿上，向十方诸佛进行礼拜，并发表“藏富于民”的讲演。最后，再由诸国王用金银财宝，赎回戒日王所施舍出去的服装及装饰物，转而献给他，以表示对他的敬意。

参加完无遮大会，已到五月中旬，于是玄奘想告辞回国。戒日王和鸠摩罗王殷勤劝留。玄奘向两王反复诉说这一路上路途遥远，为求真法历经千险，最后说服了两王。起程时两王送大量金钱和宝物，玄奘一一拒绝，只留戒日王施给的大象和鸠摩罗王所施的一件曷刺厘帔，用于途中防雨。互相告别之后，两王和众人又为他送了数十里路程，这才挥泪告辞。

玄奘先将经像等托付给印度王乌地军，由他慢慢地载着经像前行。后戒日王又托乌地王带上金钱两千、银钱一万、大象一头，供玄奘作路费。才离别三日，戒日王和鸠摩罗王、跋吒王各带着数百名人马，又来送别，依依不舍。临走时派达官四人带着写在素毡上用红尼封印的文书，发送给沿途的各个国家，并让他们骑马护送玄奘，直到中国的边境。

## 胜利归国，刻苦译经

玄奘回国的路线是：离钵罗耶那国后，中途路过侨赏弥国、毗罗删拏都城等到达阇兰国，国王派人引送玄奘到僧诃补罗国。

北方的百余僧人和玄奘同行，携带着经像，又到了咀叉尸罗国。当继续北下到达信度河时，忽然风波乱起，船身几乎被淹没，五十夹经本失去。正在乌铎迦毕汉荼城的迦毕试王听到这个消息，亲自来到河边慰问，并帮助补全遗失经本。这以后向西北到达兰波国、阿薄健国、漕矩吒国，向南到代剌拏国，向北行至佛粟氏萨傥那国，向东到达迦毕试国，接着又穿过雪山，经历的苦难并不比来的时候少。后到达安怛罗缚婆国，又向西北行至活国，向东经过瞢健国、摩咀罗国、钵铎创那国。从此入葱岭，从东南又经过淫薄健国、屈浪阁国。又向东北行至达摩悉铁帝国，再东行便到波迹罗川。从此向东，登山履雪至蝎盘陀国，离开葱岭至乌锻国。从此处北行至怯沙国，到达东南的斫句迦。继续东行至瞿萨旦那国，即于阗。于阗国王极力挽留玄奘，他只好又在那里住了七个多月，在闲余时间为当地僧众讲经说法。同时向唐王朝请示行止。唐太宗知道后马上派人给玄奘送来亲笔信，信中写道："得知您将从西边取经归来，朕非常高兴。非常期待与法师能够早日会面。外国懂得梵文和佛教经义的人也可让他们到中国来。于阗等地已经派人马护送法师，朕已经命令敦煌、鄯善等地的官员迎接法师。”玄奘得到敕令后立即出发，但进入大唐境内又是十分困难，从东面的媲摩城，到沙漠中的尼壤城，又至沮诛、旧楼兰地，可谓一路艰辛。到了沙洲，玄奘上疏唐太宗，因唐太宗当时在洛阳，就命宰相房玄龄派人迎接。

唐贞观十九年（645年）正月二十四日，玄奘经过十七年，往返五万多里后，终重新回到唐都长安。他出国时年方二十几岁，返回时已是一个头发斑白、历经风霜的四十五岁之人了。玄奘进城那天，唐太宗派宰相房玄龄、长安令李乾祐、大将军侯莫陈实迎接。玄奘从西域带回如来肉舍利一百五十粒、金佛像一尊、拟摩揭陀国前正觉山龙窟留影金佛像一尊、拟侨赏弥国出爱王思慕如来刻擅写真像刻檀佛像一尊、拟婆罗尼斯国鹿野苑初转法轮像刻檀佛像一尊、拟劫比他国如来自天宫下降宝阶像银佛像一尊、拟摩揭陀国鹫峰山说《法华》等经金佛像一尊、拟吠舍厘国巡城行化刻檀像等、拟那揭罗曷国伏毒龙所留影像刻檀佛像一尊，另外还带回大量经卷，其中包括《大乘经》二百二十四部、《大乘论》一百九十二部、《大众部》经律论一十五部、《上座部》经律论一十四部、《三弥底部》经律论一十五部、《弥沙塞部》经律论二十二部、《法密部》经律论四十二部、《迦叶臂耶部》一十七部、《说一切有部》经律论六十七部、《因明论》三十六部、《声论》一十三部，共记五百二十夹六百五十七部，用二十匹马驮回。玄奘到达长安，唐太宗早已颁告各寺院准备迎接，只见寺院处处悬灯结彩，挂满宝帐、幡等物品，场面可谓盛大，另把新到的经、像安置于弘福寺内。二十五日这一天，在朱雀街两侧排满幢盖、幡帐、宝舆、宝案，一派富丽堂皇的景象。驮经、像的马匹前梵乐齐鸣，后拥薰炉，烟雾弥漫，众僧尼整服随行。从朱雀街到弘福寺门前数十里间，人山人海，接踵摩肩，文武官员、寻常百姓都站在道路两旁瞻仰。

二月，唐太宗在洛阳接见了玄奘。唐太宗赞他舍身求法，惠利苍生，并询问沿途所见的物产风俗、山川气象、佛教圣迹以及张骞未见、《汉书》未记的种种问题。玄奘一一作答，深得唐太宗喜爱。于是唐太宗主持编写《大唐西域记》一书。随后，玄奘请求唐太宗帮助翻译从西域请得的梵本佛经。唐太宗一一答应了他的请求，安置玄奘在长安弘福寺译经，并以巨资征选各方得道高僧，组成一个以玄奘为中心的译经班子，可谓人才济济。

译经的工作从贞观十九年（645年）五月正式开始。玄奘手持《贝叶经》，开讲经文，带头创译《佛地经》《大菩萨藏经》《六门陀罗尼经》《显扬圣教论》；然后又翻译了许多经卷，如《大乘阿毗达摩杂集论》《瑜伽师地论》《因明入正理论》《解深密经》《大乘五蕴论》《能断金刚般若经》《缘起圣道经》《摄大乘论》《百法明门论》《唯识三十论》。

贞观二十二年（648年），大慈恩寺建成后，玄奘主持寺务，移到新建成的大慈恩寺译经，又翻译《大乘大集地藏十轮经》《受持七佛名号所生功德经》《阿毗达摩俱舍论》《大乘成业论》《顺正理论》《难提密多罗所说法经住记》《陀罗尼》《显无边佛土功德经》《因明正理门论》《瑜伽师地论释》。玄奘专心翻译，每日给自己制定需要完成的任务，若白天有事，必夜间赶出。常常废寝忘食，有时写到半夜才停笔，有时三更时小睡一会儿，五更又起来诵经，用朱笔点定，并安排次日翻译。每日黄昏，还要抽出二时讲新经论，答各方僧人疑难。由于过度辛劳，使得他于高宗显庆元年（656年）一度病倒。玄奘病愈后，在高宗的关照下，居洛阳积翠宫休养，后又移居长安西明寺减少俗事应酬。无论居住何处，玄奘都译经不辍，又译了《大毗婆沙论》《阿毗达摩》《发智论》《集异门足论》《品类足论》《大般若经》等。在玄奘之前主要译师都是西域人或印度人，从未有中国人，玄奘是第一位精通印度多种语言的中国大译师。从某种意义上说，玄奘大师创造了总结性的成就，开创了中国译经史的新局面。因此，要论在佛籍翻译史上取得最高成就之人，当推玄奘大师。

玄奘的佛学造诣全面精深，文化素养极高，译书文采斐然。玄奘译经由众多高僧大才相辅，因而使他的译文更加凝练精美，既保持了西域的特有文貌，又充分显示了汉文的古典优雅，可谓翻译史上的“绝唱”。

玄奘对佛教极有研究，又精通中文、梵文，同时忠于事业，所译的佛经不仅准确，而且文章辞藻恰如其分，在中国翻译史上写下了划时代的一页。他的翻译方法，在直译的同时配合意译，既不损原意，又便于读者了解，佛经的“新译”时期自此开始。他极为认真严谨地对待翻译，在翻译某一部作品之前，总要先把这部作品不同的本子搜罗齐备，认真仔细地进行较勘，使译本更加完善。对已有译本的，他如要再译，就认真地参考旧译，取舍得当，并尽量吸收旧译的可取之处。集体翻译的方法也被玄奘所采用，他邀请国内有学问的高僧，根据各人所长、分工合作，由众人合力完成佛经的翻译。玄奘就这样坚持工作了十九年，直到逝世。在十九年中间，他平均每年译经七十卷。而最后四年中，提高到年译一百七十卷之多。他在去世前一年冬天，完成了我国佛教经典中卷帙最大

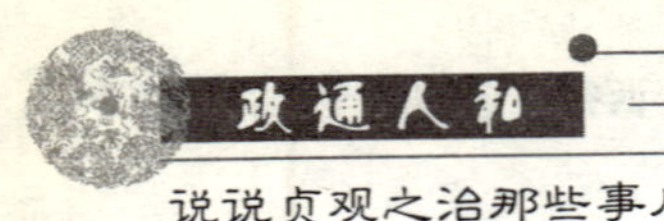


的《大般若经》六百卷。在十九年的工作中，玄奘共译经论七十四部，一千三百六十五卷，玄奘无疑是我国翻译史上的不朽巨匠。

在翻译佛经之余，玄奘还完成了一部《大唐西域记》十二卷。这部书记载了在十多年旅行中，玄奘所经历的一百一十个国家和所传闻的二十八个国家，一共一百三十八个国家的地理位置、历史沿革、风土人情、物产情况、宗教信仰等，他的弟子辩机根据玄奘口述进行记录。这是我国历史上的一部影响很大的书籍，是记载中亚细亚、巴基斯坦和印度古代历史、地理的最翔实的书籍。该书文字生动流畅，使人读了之后有身临其境之感。近百年来，该书先后被译成英、德、法、日、俄等文字，并且出现了不少专门研究这部书的专家学者。它对于研究整理公元7世纪时中亚和印度模糊不清的历史地理起了很大的作用。考古学者根据书中的记载，探查挖掘出阿旃陀的石窟、鹿野苑的古刹、那烂陀寺的遗迹，更有力地证明了《大唐西域记》的可靠之处。

《老子》也被玄奘翻译成梵文，介绍给印度。他又把印度已失传的《大乘起信论》还译为梵文，使印度的古代经典著作得以保存下来。玄奘的《成唯识论》反映了他的主要佛学思想，这部书解释了《唯识三十颂》，是玄奘融合唯识十家而作。

从佛学渊源上讲，唯识宗出于古印度大乘佛教的瑜伽行派，唯识宗因主张“万法唯识”而得名。唯识宗的创立者是玄奘及其嫡传弟子窥基，所依经典有《瑜伽师地论》《解深密经》等六经十一论，《成唯识论》是其代表著作。

玄奘照搬古印度大乘佛教的瑜伽行派形成了唯识宗这个佛教宗派，与唐王朝的经济基础不相适应，缺乏长期生存的土壤。玄奘初创，窥基使其进入全盛，但之后便迅速衰微下去。

麟德元年（664年）二月初五，玄奘这一学究天人、行迈古人、朝野共仰、中外同钦的一代伟大学者于玉华寺圆寂。这一消息传出后，唐高宗为之流涕，文武百官为之痛哭，僧侣为之奔走哀号，全国上下读经之人无不顿足心伤。四月十四日，玄奘大师在终南山下白鹿原安葬时，前来为他送葬的有长安周围五百里内百余万人，三万余人挂孝宿于墓旁。至总章二年（669年）四月初八，诏旨徙葬于樊川北原，营建塔宇。迁殡之际，众人哀恸，就像他刚刚圆寂之时，可称生荣死哀，空前绝后。玄奘为学献身的精神和伟大的成就，一直是后人的典范。

# 第四章 人才济济，良臣云集

唐太宗知人善任，用人唯贤，不问出身，初期延揽房玄龄、杜如晦，后期任用长孙无忌等，皆为忠直廉洁之士；其他如李勣、李靖等，亦为一代名将。此外，唐太宗亦不计前嫌，重用建成旧部魏徵，降将尉迟恭、秦琼等人，使得朝廷人才济济，政治更加昌明。

## 房谋杜断，左膀右臂

房玄龄（579—648年），唐代初年名相，名乔，字玄龄。齐州临淄（今山东省淄博市东北）人。他博览经史，能书善文，18岁时本州举进士，授羽骑尉。隋末大乱，李渊率兵入关，玄龄于渭北投李世民，屡从秦王出征，出谋划策，典管书记。每平定一地，别人争着求取珍玩，他却首先为秦王幕府收罗人才，他和杜如晦是秦王最得力的谋士。唐武德九年（626年），他参与玄武门之变的策划，与杜如晦、长孙无忌、尉迟敬德、侯君集五人并功第一。唐太宗李世民即位，房玄龄为中书令。贞观三年（629年）二月为尚书左仆射，十一年（637年）封梁国公，至十六年（642年）七月进位司空，总理朝政，唐太宗征高丽时，他留守京师，二十二年（648年）病逝。

贞观前，他协助李世民经营四方，削平群雄，夺取皇位。李世民称赞他有“筹谋帷幄，定社稷之功”。贞观中，他辅佐唐太宗，总领百司，掌政务达20年。参与制定典章制度，主持律令、格敕的修订，又曾与魏徵同修唐礼，调整政府机构，省并中央官员，善于用人，不求备取人，也不问贵贱，随才授任，恪守职责，不自居功。后世以他和杜如晦为良相的典范，合称“房谋杜断”。

贞观四年（630年），即唐太宗李世民称帝第四年，房玄龄被提升为尚书左仆射，行使宰相职权。在其后的近20年中，他一直连任，直至70岁病逝。

任职期间，房玄龄至忠至勤，成绩卓著，堪称能相。史书上写道："任总百司（总管政府中的各个衙门），日日夜夜地、谨慎虔诚地处理各类问题，尽心竭力，不让一件事办得不合理。"

对于选拔人才，房玄龄十分谨慎。唐太宗曾经说过："任免官吏是一件不可闪失的事，用对了一君子，就有许多君子慕名而来；若用一小人，许多小人也就会钻营附和而来。"在这一点上，唐太宗对房玄龄极其赞赏。

他知人善任，常向唐太宗推荐人才，委以重任。太子李治府中有一位太子右卫率（主管太子的安全保卫），名叫李大亮，房玄龄很器重他，说他为人耿直，有西汉忠臣王陵、周勃的气节，可以委以重任。不久，李大亮就被任命为房玄龄的副手。房玄龄在用人方面，既不拘一格，又不求全责备，做到扬长避短。但如果一时找不到合适的人选，他也宁缺毋滥，绝不做滥竽充数之事。如管理财政申报开支的部门，很长时间没有人选，但房玄龄认为这个部门关系到天下利害，是民力所系的地方，故"宁虚其位，而不以与人"。他这样做，有时会招致别人说闲话，评论他在授权方面十分吝啬。但他为了国家的利益，对于个人的声誉从不计较。

对于朝廷上的一些琐事，他事事一概过问，不仅定期审查吏治、司法的得失优劣，甚至连宫室的营造、武库里的存储数目，他都要一一过问。史书说他"事无巨细，咸当留意"，其认真负责的精神，着实古今罕见。

在对李世民的进谏方面，他也做得很好，虽未能像魏徵那样屡屡犯颜直谏，但也能坦率地陈述自己的意思。其实，魏徵对他也是很佩服的，魏徵曾经说过，在事必躬亲、知无不言、言无不尽方面，自己比不上房玄龄。一次，唐太宗忽然问左右大臣说："自古开国的皇帝，把皇位传给了子孙，为什么经常出现变乱呢？"房玄龄直率地说："那都是因为皇上宠爱子孙，而子孙生长深宫，自幼过惯了富贵的生活，不知人间疾苦，不懂国家安危，不能磨炼意志、增长才干的缘故。"

唐太宗也有过不少失误，如对高丽的战争，不但给高丽人民带来了灾难，也给本国人民带来了沉重的负担，在多年的战争中，仅战马就损失了十之七八。贞观二十二年（648年），唐太宗又要用兵高丽，当时房玄龄已重病卧床，闻知此事后，立即上疏唐太宗，并对儿子们说："当今天下安宁，各得其所，唯有东征高丽，必会成为国家的大患。我虽不久人世，但知而不言，也会死不瞑目。"唐太宗览表以后，十分感动地说："此人危笃至此，尚能忧我国家，实在是难得啊！"

房玄龄心地赤诚，胸怀宽广，团结同僚，容易与人共事，并且注意发挥别人的长处。如经他推荐的杜如晦，就是一个很有才能的人，史书上称他"时军国多事，剖断如流，深为时辈所服"。房玄龄就注意发挥他善于决断的长处，每和唐太宗有所谋划，都要等杜如晦前来定断，用房玄龄的话来说，就是"非如晦莫能筹之"。而杜如晦的很多观点，往往与房玄龄不谋而合。"房谋杜断"，相互补充，他们两人的密切配合，与钩心斗角的官场习气形成了鲜明的对照，成为古今佳话。

房玄龄从小就爱总结前朝灭亡的教训，因而在任职期间，他主持编纂了对各类图书的搜集整理工作，包括《晋书》以下至隋的六朝史的编写。一次，唐太宗问房玄龄道："为什么历史上修的本朝国史，都不让皇帝本人看呢？我想看看你主持修的国史，不知是否可以？"

房玄龄说："国史应按事实而编修，这样就必定会写到皇帝不好的地方，有时还会加以抨击，当然不能让皇帝亲眼看到。"唐太宗反复解释，说要看国史并无他意，只是为了鉴戒自己，房玄龄这才同意让他看。

贞观二十二年（648年），房玄龄病危，唐太宗不断派人探望，并亲去慰问，房玄龄临死前，与他握手叙别。房玄龄死时，唐太宗对之流涕，可见君臣感情之深。

杜如晦（585—630年）中国唐初名相，字克明，京兆杜陵（今陕西省西安市长安区）人。杜如晦出身于世宦之家，少年好学。隋炀帝大业年间，吏部侍郎高孝基器重他机杜如晦画像敏善应变，遂将他补为滏阳县（今河北省磁县）尉。他见隋朝政治腐败，又认为县尉之职卑微，因而弃官归家。

大业十三年（617年）年底，李渊父子率军队攻克长安，次年建立唐朝。秦王李世民闻知杜如晦足智多谋，便召进府中任兵曹参军。唐政权初建，需要向各地选派官员。时秦王府聚集了许多有才能的幕僚，一部分已被调出去任职。房玄龄对李世民说："杜如晦聪明有胆识，是一个难得的人才。你以后要建立帝业，必须得此人辅佐。别的人全调走不足惜，唯杜如晦不可舍。"李世民听到此说，立即上奏唐高祖，请求将社如晦留任秦王府。之后，杜如晦跟随李世民左右，成为李世民智囊集团中的核心人物。

武德元年（618年）八月，盘踞今陇右一带的薛举兵强马壮，趁李唐政权立足未稳，出兵东犯。高祖派李世民统兵征讨，杜如晦随军参赞，经两次交战，唐军彻底打垮了西秦的势力，解除了西北方面的威胁。李渊为嘉奖李世民的战功，命其出为使持节陕东道大行台。杜如晦随行任大行台司勋郎中，封建平县男，食邑三百户。其后，李世民连续领兵东征刘武周、宋金刚、王世充等武装割据势力。杜如晦每每随行，为之参谋帷幄，决胜于疆场。他遇事善断，处理公务迅速无误，是同僚中最为干练的人才。武德四年（621年）十月，李世民为了笼络人才，研究文籍，设立了文学馆，置十八学士，杜如晦被选为学士。

杜如晦祖父杜果官至隋朝工部尚书，其父杜吒为隋朝昌州长史。杜如晦自少聪悟，好谈文史，是个典型的彬彬书生。隋炀帝大业年间作为候补官员，只补个滏阳尉的小官，不久就弃官回家。

随着唐政权的巩固和发展，在皇太子李建成和秦王李世民之间，逐步展开了一场争夺皇位继承权的斗争。杜如晦和房玄龄为李世民出谋划策，鼓动他先发制人，发动政变，除掉李建成和李元吉。李建成和李元吉也在加紧策划，打算分化瓦解秦王府中的骨干力量，他们深知“秦王府中所可惮者，唯杜如晦与房玄龄耳”。于是，便向高祖上奏：房、社二人对朝廷不利。高祖便令将房、杜二人赶出秦王府，并不许以后私见李世民。当李世民下定决心要与李建成、李元吉进行最后决战时，便密派尉迟敬德去召房玄龄、杜如晦入府计议。杜如晦化装成道士模样，随长孙无忌潜入秦王府。在经过一番周密安排之后，武德九年（626年）六月四日凌晨，李世民率杜如晦、尉迟敬德等一班亲兵亲将，发动了有名的“玄武门事变”，杀了李建成和李元吉，消灭了政敌。李世民为皇太子，拜如晦为太子左庶子。同年八月，李渊被迫退位，李世民当了皇帝。唐太宗登基后不久就拜杜如晦为兵部尚书，杜如晦多年随李世民参赞戎机，尤其是在策划政变，帮助李世民夺取皇位的过程中有功，进封莱国公，食邑1300户。贞观初年，他与房玄龄共掌朝政，制定典章，品选官吏，好评如潮。

贞观二年（628年），又以本官检校侍中，改任支部尚书，总监东官兵马事。三年二月，升为尚书右仆射，仍然掌管选拔官吏的事，与房玄龄共同掌管朝政。贞观四年（630年），杜如晦病重，李世民亲自去他家中探望，抚之流泪，在他咽气前超升其子杜构为尚舍奉御。即使皇帝如此贵重其人，杜如晦仍旧抗不过疾病之侵，贞观四年三月甲申（十九）日（630年5月6日），杜如晦因病而卒，死时年仅四十六岁。唐太宗哭之甚恸，为其废朝三日，赠司空，徙封莱国公，谥曰成，并手诏为制碑文。后来有一次唐太宗吃美味的香瓜，忽然忆起杜如晦，怆然泪下，遣人以所食之半奠于这位文臣的灵牌前，不时送御馔祭奠。杜如晦每年的忌日，唐太宗都派人到他家里慰问其夫人儿子，一直保持其公府的官吏僚佐职位，“终始恩遇，未之有焉”。

## 直言不讳，竭诚劝谏

《新唐书·魏徵传》：“魏徵，字玄成，魏州曲城人。少孤，落魄有大志。初为太子洗马，唐太宗即位，拜谏议大夫、秘书监，寻晋检校侍中，封郑国公。以疾辞职，拜特进，仍知门下省事。徵性谅直，知无不言。唐太宗或引至卧内，访天下事，尝以古名臣称之。校辑秘省群书，及撰齐、梁、陈、周、隋诸史，序论多出其手。卒谥文贞。集二十卷，今编诗一卷。”

魏徵（580—643年）字玄成，唐初杰出的政治家、思想家、史学家。河北巨鹿人，祖籍为四川省广元剑阁人。从小丧失父母，家境贫寒，但喜爱读书，不理家业，曾出家当过道士。隋大业末年，魏徵被隋武阳郡（治所在今河北省大名东北）丞元宝藏任为书记。元宝藏举郡归降李密后，他又被李密任为元帅府文学参军，专掌文书卷宗。

唐高祖武德元年（618年），李密失败后，魏徵随其入关降唐，但久不见用。次年，魏徵自请安抚河北，诏准后，乘驿驰至黎阳（今河南省浚县），劝俞李密的黎阳守将徐世绩归降唐朝。不久，窦建德攻占黎阳，魏徵被俘。窦建德失败后，魏徵又回到长安，被太子李建成引用为东宫僚属。魏徵看到太子与秦王李世民的冲突日益加深，多次劝建成要先发制人，及早动手。

玄武门之变以后，李世民由于早就看重魏徵的胆识才能，非但没有怪罪于他，而且还把他任为谏官之职，并经常引入内廷，询问政事得失。魏徵喜逢知己之主，竭诚辅佐，知无不言，言无不尽。加之性格耿直，往往据理抗争，从不委曲求全。有一次，唐太宗曾向魏徵问道：“何谓明君、闇君？”魏徵回答说：“君之所以明者，兼听也；君之所以闇者，偏信也。以前秦二世居住深宫，不见大臣，只是偏信宦官赵高，直到天下大乱以后，自己还被蒙在鼓里；隋炀帝偏信虞世基，天下郡县多已失守，自己也不得而知。”唐太宗对这番话深表赞同。

贞观元年（627年），魏徵被升任尚书左丞。这时，有人奏告他私自提拔亲戚做官，唐太宗立即派御史大夫温彦博调查此事，结果，查无证据，纯属诬告。但唐太宗仍派人转告魏徵说："今后要远避嫌疑，不要再惹出这样的麻烦。"魏徵当即面奏说："我听说君臣之间，相互协助，义同一体。如果不讲秉公办事，只讲远避嫌疑，那么国家兴亡，或未可知。"并请求唐太宗要使自己作良臣而不要作忠臣。唐太宗询问忠臣和良臣有何区别，魏徵答道："使自己身获美名，使君主成为明君，子孙相继，福禄无疆，是为良臣；使自己身受杀戮，使君主沦为暴君，家国并丧，空有其名，是为忠臣。以此而言，二者相去甚远。"唐太宗点头称是。

贞观二年（628年），魏徵被授秘书监，并参掌朝政。不久，长孙皇后听说一位姓郑的官员有一位年仅十六七岁的女儿，才貌出众，京城之内，绝无仅有。便告之唐太宗，请求将其纳入宫中，备为嫔妃。唐太宗便下诏将这一女子聘为妃子。魏徵听说这位女子已经许配陆家，便立即入宫进谏："陛下为人父母，抚爱百姓，当忧其所忧，乐其所乐。居住在宫室台榭之中，要想到百姓都有屋宇之安；吃着山珍海味，要想到百姓无饥寒之患；嫔妃满院，要想到百姓有室家之欢。现在郑民之女，早已许配陆家，陛下未加详细查问，便将她纳入宫中，如果传闻出去，难道是为民父母的道理吗？"唐太宗听后大惊，当即深表内疚，并决定收回成命。但房玄龄等人却认为郑氏许人之事，子虚乌有，坚持诏令有效。陆家也派人递上表章，声明以前虽有资财往来，并无定亲之事。这时，唐太宗半信半疑，又召来魏徵询问。魏徵直截了当地说："陆家之所以否认此事，是害怕陛下以后借此加害于他，其中缘故十分清楚，不足为怪。"唐太宗这才恍然大悟，便坚决地收回了诏令。

由于魏徵能够犯颜直谏，即使唐太宗在大怒之际，他也敢面折廷争，从不退让，所以，唐太宗有时对他也会产生敬畏之心。有一次，唐太宗想要去秦岭山中打猎取乐，行装都已准备停当，但却迟迟未能成行。后来，魏徵问及此事，唐太宗笑着答道："当初确有这个想法，但害怕你又要直言进谏，所以很快又打消了这个念头。"还有一次唐太宗得到了一只上好的鹞鹰，把它放在自己的肩膀上，很是得意。但当他看见魏徵远远地向他走来时，便赶紧把鸟藏在怀中，魏徵故意奏事很久，致使鹞子闷死在怀中。

贞观六年（632年），群臣都请求唐太宗去泰山封禅，借以炫耀功德和国家富强，只有魏徵表示反对。唐太宗觉得奇怪，便向魏徵问道："你不主张进行封禅，是不是认为我的功劳不高、德行不尊、中国未安、四夷未服、年谷未丰、祥瑞未至吗？"魏徵回答说："陛下虽有以上六德，但自从隋末天下大乱以来，直到现在，户口并未恢复，仓库尚为空虚，而车驾东巡，千骑万乘，耗费巨大，沿途百姓承受不了。况且陛下封禅，必然万国咸集，远夷君长也要扈从。而如今中原一带，人烟稀少，灌木丛生，万国使者和远夷君长看到中国如此虚弱，岂不产生轻视之心？如果赏赐不周，就不会满足这些远人的欲望；免除赋役，也远远不能报偿百姓的破费。如此仅图虚名而受实害的事，陛下为什么要干呢？"不久，正逢中原数州暴发了洪水，封禅之事从此停止。

贞观七年（633年），魏徵代王珪为侍中。同年年底，中牟县丞皇甫德参向唐太宗上疏说："修建洛阳宫，劳弊百姓；收取地租，数量太多；妇女喜梳高髻，宫中所化。"唐太宗接书大怒，对宰相们说："德参想让国家不役一人，不收地租，富人无发，才符合他的心意。”想治皇甫德参诽谤之罪。魏徵谏道：“自古上疏不偏激，不能触动人主之心。所谓狂夫之言，圣人择善而从。请陛下想想这个道理。”最后还强调说：“陛下最近不爱听直言，虽勉强包涵，已不像从前那样豁达自然。”唐太宗觉得魏徵说得入情入理，便转怒为喜，不但没有对皇甫德参治罪，还把他提升为监察御史。

贞观十年（636年），魏徵奉命主持编写的《隋书》《周书》《梁书》《陈书》《齐书》（时称五代史）等，历时七年，至此完稿。其中《隋书》的序论以及《梁书》《陈书》和《齐书》的总论都是魏徵所撰，时称良史。同年六月，魏徵因患眼疾，请求解除侍中之职。唐太宗虽将其任为特进这一散职，但仍让其主管门下省事务，其俸禄、赏赐等一切待遇都与侍中完全相同。

贞观十二年（638年），魏徵看到唐太宗逐渐怠惰，懒于政事，追求奢靡，便奏上著名的《十渐不克终疏》，列举了唐太宗执政初到当前为政态度的十个变化。他还向唐太宗上了“十思”，即“见可欲则思知足，将兴缮则思知止，处高危则思谦降，临满盈则思挹损，遇逸乐则思撙节，在宴安则思后患，防拥蔽则思延纳，疾谗邪则思正己，行爵赏则思因喜而僭，施刑罚则思因怒而滥”。（另一版本“诚能见可欲，则思知足以自戒；将有所作，则思知止以安人；念高危，则思谦冲而自牧；惧满盈，则思江海下百川；乐盘游，则思三驱以为度；忧懈怠，则思慎始而敬终；虑壅蔽，则思虚心以纳下；畏谗邪，则思正身以黜恶；恩所加，则思无因喜以谬赏；罚所及，则思无以怒而滥刑”。选自《魏郑公文集》）

贞观十六年（642年），魏徵染病卧床，唐太宗所遣探视的中使道路相望。魏徵一生节俭，家无正寝，唐太宗立即下令把为自己修建小殿的材料，全部为魏徵营构大屋。不久，魏徵病逝家中，唐太宗亲临吊唁，痛哭失声，并说："夫以铜为镜，可以正衣冠；以古为镜，可以知兴替；以人为镜，可以明得失。朕常保此三镜，以防己过。今魏徵殂逝，遂亡一镜矣。"

魏徵在贞观年间先后上疏二百余条，强调"兼听则明，偏听则暗"，这对唐太宗开创的千古称颂的"贞观之治"起了重大的作用。

贞观朝功臣济济，就才能而论，长孙无忌在谋臣猛将、良宰贤相中绝对算不上突出，但从与唐太宗的关系看，却是唐太宗的心腹。由于受到唐太宗特殊信赖，长孙无忌不但在贞观朝发挥了特殊作用，且受托辅佐高宗，成为唐初政治史上的特殊人物。

长孙无忌的先祖，出自北魏皇族拓跋氏，因有殊功，改姓长孙氏。长孙氏是北魏以来的士族高门，属于军事贵族。但长孙无忌本人，在军事方面虽有一定谋略，却并不善于统兵打仗，用唐太宗的话说："聪明鉴悟，雅有武略"，"总兵打仗，非其所长"。这种情况与他早年经历有关。长孙无忌的父亲去世较早，他与妹妹一同在舅父高士廉家中长大。高士廉本人"少有器局，颇涉文史"，很有才华和名望。在这样一个文化素养高的家庭中，长孙氏兄妹受到很好的文化教育。无忌"好学，该博文史"，妹妹也是"少好读书，造次必循礼则"。高士廉识人很有慧眼，早在李渊父子太原起兵之前，就发现李世民是个非常之人，把长孙无忌的妹妹聘与李世民。后来李世民做皇帝，册封长孙氏为皇后。长孙无忌的年龄与李世民相仿，二人从小交往友善，妹妹嫁给李世民后，两人关系更加亲密。

从李渊父子晋阳起兵叛隋，到建立唐朝，再到统一天下，长孙无忌一直追随李世民东征西讨，但却没有什么显赫之功。

唐朝建立后，李渊集团发生分裂，最突出的矛盾是太子李建成和秦王李世民之间争夺皇位继承权。李世民的才能、威望和接踵而至的显赫军功，不仅使其本人产生了觊觎皇位的野心，也引起太子李建成的忌妒和不安。开始是李建成想对李世民下毒手，但没有成功。李世民询问秦王府的僚属们："阽危之兆，其迹已见，将若之何？"房玄龄对长孙无忌说："今嫌隙已成，一旦祸机窃发，岂惟府朝涂地，乃实社稷之忧，莫若劝王行周公之事，以安国家。存亡之机，间不容发，正在今日。"长孙无忌说："吾怀此久已，不敢发口，今吾子所言，正合吾心，谨当白之。"于是，房玄龄、杜如晦、长孙无忌同劝李世民先发制人，认为只有如此才能转危为安。

此时太子李建成与齐王李元吉也在加紧活动，用重金收买李世民部将尉迟敬德，遭拒绝后，又对李世民行刺，仍未得逞。李建成对李元吉说："秦府智略之士，可惮者独房玄龄、杜如晦耳。"于是，向李渊谗毁二人，将之逐出秦王府，这样李世民最为心腹之人只有长孙无忌仍在府中。长孙无忌坚决支持房玄龄政变的动议，与舅父高士廉和秦王部将侯君集、尉迟敬德等人日夜劝李世民诛杀太子与齐王。李世民仍犹豫不决，与灵州都督李靖商议，征求行军总管李勣的意见，二人都表示不愿意干。正在此时，突厥南下侵犯，按惯例应由李世民督军抵御，但此次在李建成的推荐下，由李元吉代李世民督军北征，并调秦王府将领尉迟敬德等同行。他们的目的很明显，想借机抽空秦王府的精兵猛将，并计划在为李元吉饯行时杀掉李世民。李世民得知，立即与长孙无忌等商量，又派长孙无忌秘密召回房玄龄、杜如晦，共同谋划了玄武门兵变。六月四日，李世民亲率长孙无忌等十人，在玄武门成功地伏杀了李建成、李元吉。

在李世民夺取皇位继承权的兵变中，长孙无忌称得上是首功之人。在酝酿政变时，他态度坚决，竭诚劝谏；在准备政变时，他日夜奔波，内外联络；在政变之时，他不惧危难，亲至玄武门内。所以唐太宗至死不忘长孙无忌的佐命之功，临死前仍对大臣们说："我有天下，多是此人之力。"

李世民成了皇太子后，长孙无忌被任命为太子左庶子。不久李渊把帝位让给了李世民，长孙无忌升为左武侯大将军，后任吏部尚书，晋封齐国公，实封一千三百户。唐太宗几次要任命长孙无忌为宰相，但长孙皇后一再说："妾备位椒房，家之贵宠极矣，诚不愿兄弟复执国政。"她提醒唐太宗要吸取汉朝吕氏、窦氏等专权的教训，长孙无忌自己也要求逊职，但唐太宗不听，拜长孙无忌为宰相，任命他为尚书右仆射。为唐太宗夺取皇位，长孙无忌确实立有殊功，但担任宰相，他的才能似乎还不够。不能说长孙无忌不喜欢权势，但他为人谨慎小心，注意避免嫌疑，不像历史上许多外戚，依恃女儿或姐妹"椒房之宠"，肆无忌惮地攫取权力。他以盈满为戒，恳请唐太宗批准他辞去宰相要职，长孙皇后也为之请求，唐太宗不得已，让他辞去了尚书右仆射，而拜开府仪同三司。这一年，唐太宗在文武大臣的陪护下，亲至长安西郊祭祀，起驾返回时，特令长孙无忌与司空裴寂二人升用金辂以示宠幸。贞观五年（631年），长孙无忌与房玄龄、杜如晦、尉迟敬德四人，以元勋封每人一子为郡公。贞观七年（633年），唐太宗册书，任命长孙无忌为司空，无忌坚决推辞不受，唐太宗不准，还特意写了一篇《威凤赋》，赐给长孙无忌，追思创帝业之艰难和长孙无忌的佐命之功。

唐太宗认为把朝廷要职授予长孙无忌，不是因为他是皇后的哥哥，而是鉴于他的才行。长孙无忌在玄武门兵变中表现出不凡的才能与胆识，唐太宗即帝位后，在一些重大事务上也发挥了重要的作用。如贞观元年（627年），突厥因天灾人祸，内部矛盾激化，多部反叛，实力大衰，朝廷中许多大臣请求趁机出兵攻打突厥，但唐与突厥不久前刚订立盟约，唐太宗有些犹豫。长孙无忌说："虏（突厥）不犯塞而弃信劳民，非王者之师也。"认为"今国家务在戢兵，待其寇边，方可讨击。彼既已弱，必不能来。若深入虏廷，臣未见其可。且按甲存信，臣以为宜"。唐太宗采纳了他的意见，放弃了马上出兵的打算。又如，唐太宗十分仰慕周代的分封制，不顾许多大臣（如魏徵、李百药、颜师古等）的反对，于贞观十一年（637年），诏令以荆州都督荆王元景为首的二十一名亲王为世袭刺史，以赵州刺史长孙无忌为首的十四名功臣为世袭刺史。唐太宗正式下诏，一般大臣不敢再谏，但侍御史马周和太子左庶子于志宁仍冒死谏诤，唐太宗根本不听。最后，是以长孙无忌为首的被封功臣呈递了抗封的表文，长孙无忌又通过自己的儿媳长乐公主再三向唐太宗请求，说："臣披荆棘事陛下，今海内宁一，奈何弃之外州，与迁徙何异！"唐太宗才不得不"诏停世袭刺史"。

可见，长孙无忌是有一定胆识和才能的。但他在贞观朝权重无比、恩宠无匹的特殊地位，是否与他是唐太宗的妻兄有关，对此历史学家纷说不一，可以肯定的有两点：一是在唐太宗内心深处，长孙无忌最可信赖，在这一点上，不但被提拔于仇敌手下的魏徵不能与之相比，就是秦王府旧人、名相房玄龄也稍有逊色；二是长孙无忌身兼外戚和元勋的双重身份，比较注意避嫌，与历史上某些骄横外戚绝不相同。贞观十二年（638年），唐太宗亲幸长孙无忌府第，十六年（642年），拜长孙无忌为司徒，十七年（643年），唐太宗将二十四位有特殊功勋的大臣图形于凌烟阁，以彰其功，长孙无忌排在第一位。综观上述，长孙无忌是唐太宗推心置腹的忠臣良佐，是对贞观朝有特殊贡献的人物。但是，他在对待君主、处理与唐太宗的关系上，也有明显的局限性。

贞观后期，唐太宗心骄志满，魏徵多次提出批评劝告，唐太宗口头接受，行动难改，许多大臣都阿谀奉承，歌功颂德，这些人中也包括长孙无忌。贞观十八年（644年）四月，唐太宗幸临太平官，对侍从的大臣们说："人臣顺旨者多，犯颜者少，今朕欲自闻其失，诸公其直言无隐。"这应该是劝谏唐太宗的良机，但长孙无忌等人却违心地说："陛下无失。"当时，只有刘洎和马周谈了唐太宗的过失。同年八月，唐太宗对长孙无忌说："人苦不自知其过，卿可为朕明言之。"又一次令长孙无忌谈自己的过失。长孙无忌说："陛下武功文德，臣等将顺之不暇，又何过之可言。"唐太宗当即就指出这是"曲相谀悦"。唐太宗晚年不好直言，难得征求大臣们意见，长孙无忌却以阿谀代替忠谏，这是他作为名臣良佐的缺陷。

长孙无忌一生都尽忠于大唐，却因为武则天的上台而被后人诟病。

显庆四年（659年），在武则天的授意下，由许敬宗费尽心机，把长孙无忌编织进一桩朋党案，进行恶毒陷害。许敬宗借处理太子洗马韦季方和监察御史李巢朋党案之机，诬奏韦季方与长孙无忌构陷忠臣近戚，要使权归无忌，伺机谋反。唐高宗先是吃惊不信，继而伤心怀疑，命许敬宗再察，然后面对许敬宗足未出户编造的关于韦季方交代与长孙无忌谋反的供词，哭泣道："舅若果尔，朕决不忍杀之，天下将谓朕何，后世将谓朕何！"许敬宗举汉文帝杀舅父薄昭，天下以为明主之例，宽慰高宗，又引"当断不断，反受其乱"的古训，催促其下决心。唐高宗竟然不与长孙无忌对质，就下诏削去了长孙无忌的太尉官职和封邑，流徙黔州，但准许按一品官供给饮食，算是对元舅的照顾，长孙无忌的儿子及宗族全被株连，或流或杀。三个月后，高宗又令许敬宗等人复合此案，许敬宗派大理寺袁公瑜前往黔州，逼迫长孙无忌自杀。

## 二李相助，所向无敌

李勣（594—669年），本姓徐，名世勣，字懋功（因懋功二字的发音与茂公相同，《说唐演义全传》《兴唐传》《隋唐英雄传》等小说、电视剧误称他为徐茂公）。父徐盖，家道豪富，隋大业（605—618年）末，投翟让军。武德（618—626年）初降唐，授黎州总管，封"曹国公"，赐姓李。后又避唐太宗李世民讳，单名勣。贞观三年（629年），任通漠道行军总管，败突厥军，诏拜光禄大夫，领并州都督府长史。贞观十七年（643年），授太子詹事，同中书门下三品。高宗立，迁尚书左仆射，诏得乘小马出入宫禁。以太子太师致仕。总章二年卒，时七十六岁，谥"忠

武”。显庆二年（657年）奉旨与许敬宗、孔志约、于志宁等编《新修本草》二十卷，大行于世。

李勣年轻时家本豪富，隋末徙居滑州。史称其“家多僮仆，积粟数千钟”，与其父徐盖都是乐善好施之人，拯救贫乏，不问亲疏。隋炀帝大业末年，李勣才十七岁，见天下大乱，就近参加了翟让的军队。他劝说翟让：“附近是您与我的家乡，乡里乡亲，不宜侵扰，宋、郑两州地近御河，商旅众多，去那里劫掠官私钱物非常方便。”翟让称善，于是在运河上劫取公私财物无算。有钱就不缺人，不久兵众大振。隋朝遣名将张须陀讨伐，翟让吓得要跑，李勣止之，与隋军两万多人交战，竟于阵中斩张须陀，大败官军。

当时，蒲山公李密参与杨玄感反叛，兵败逃亡。李勣与浚仪人王伯当知道李密乃天下英雄，一同劝说翟让奉李密为主，以收买人心，扩大影响。

隋朝令王世充讨伐李密，李勣多次拒战，以奇计在洛水两岸几次大败王世充，李密因此封他为东海郡公。当时河南、山东大水，饥民遍地，隋朝赈给不足，每天饿死数万人。李勣向李密进言：“天下大乱，本是为饥。如果我们攻陷黎阳国仓，大事可成矣。”李密听计，派李勣带五千人自愿武渡黄河掩袭黎阳仓隋朝守军，当日攻克，开仓招民众随便领粮，十天之间，就招募到兵士二十多万人。一年多后，宇文化及江都弑隋炀帝，越王杨侗即位于东京洛阳，赦免李密诸人，封魏国公，拜太尉。隋廷又授李勣右武侯大将军，命他们一同讨伐宇文化及。李勣守黎阳仓城，宇文化及率军四面攻城，形势危急，李勣从城中向外挖地道，忽然现身城外，大败宇文化及，解围而去。

说到李勣，就不得不交代李密。李密为人，身先士卒，躬服俭素，号令严整，每战所得金宝都赐予手下将士，因此非常受人爱戴。在与隋军的交战过程中，威信日隆，号为魏公，他让祖君彦所作的《讨隋炀帝檄文》千古流传，辞采壮烈。后来李密与翟让之间产生矛盾，两人手下都劝他们先下手为强，其间原委，皆是由争权夺利而起，不是简单的“地主阶级阴谋家杀害农民起义军领袖”，而且翟让为人简单粗暴，其兄翟宽与属下又数次侮辱李密手下兵士，逐渐结怨。李密最后在众人劝说下决定除去翟让，便趁宴请机会斩杀翟氏兄弟。由于李勣当时是翟让属下，也被乱兵刀砍剑劈，遭受重创，李密见到后马上制止士兵的杀戮，李勣免于一死。翟让另外的大将单雄信等人叩首求命，李密都释而不杀。李密后来又多次打败隋军，最盛时有众三十余万，各地割据的首领都派使请他为称帝，连李渊也不得不上疏推戴，肉麻地称“天生蒸民，必有司牧，当今为牧，非子而谁？老夫年余知命，愿不及此，欣戴大弟，攀鳞附翼……”屡战屡胜之际，李密军士有粮而无饷银，军士渐怨，几次反败于王世充。其间李密手下有人谋叛王世充，李密本想将计就计，趁王世充半渡洛水时出兵一举击灭。岂料天意弄人，王世充发军时，李密的侦察兵都没有发觉，等整军将战时，王世充军队已经全军渡河上岸。李密见大势已去，不得不率小股人马逃遁。本来李密想去黎阳李勣处，有人劝他：“杀翟让之时，李勣被乱兵砍伤差点死掉，他能不记仇吗？现在投奔他，靠得住吗？”最后，不得已之下，李密与王伯当投靠李渊。

当时李勣全统李密旧境，东至于大海、南至于长江、西至汝州、东至魏郡，一时间未有所属。不过李勣是真义士，他对长史郭孝恪说：“魏公（李密）已归大唐，如果我自己上表向唐主献地，是自邀功劳而彰主公败绩，还是把土地人口军人数目造册，总启魏公，让魏公自献。”于是派使臣上表。唐高祖李渊听说李勣有使人来忙召见，一见只有给李密的信，很感奇怪。使人详细道明原委，高祖大喜，认为李勣“感德推功，实纯臣也”。马上下诏封李勣黎阳总管、莱国公，不久又加右武侯大将军，赐姓李氏，并封其父李盖为王，为李盖固辞，于是封为舒国公。下诏遣李勣部统河南、山东之兵以拒王世充。

李密归唐后，从前在信中对自己亲热过分的“老哥”李渊相待甚薄，只拜光禄卿的散官。不久，唐朝听说李密降于王世充的旧将纷纷离心，就派李密前往黎阳招降旧部。心怀怨望的李密行至洮阳（今甘肃省临洮县），高祖李渊又派人召还他，疑惧之下，李密决定反唐。王伯当一直劝他不要反唐，但见李密意决，就横下心，说：“义士之立世，不以存亡易心。我一直受您厚恩，期待以性命相投。您不听我劝告，我肯定会和您一道起事，生死以之，但是恐怕结果也不会好啊！”隋唐之际，英雄辈出，男儿义气相应，很是感人。唐将史万宝、盛彦师早有准备，伏兵山谷，横击李密及王伯当等人，众人皆被杀。李密时年才三十七岁。虽然《旧唐书》称他“狂哉李密，始乱终逆”，但字里行间也很是佩服此人的倜傥奇才和爱人下士的仁德大度。

李勣听说李密被诛，上表请唐朝容许他收葬故主，唐庭诏许。李勣服重孝，与从前僚属旧臣将士隆重地把李密安葬于黎山之南，坟高七仞，以君礼葬之，朝野闻讯都赞叹他的忠义。

不久，窦建德军擒斩弑隋炀帝的宇文化及，乘胜又大败李勣，并以其父李盖为人质，令李勣仍守黎阳。转年，李勣趁机又归唐，有人劝窦建德杀掉李盖，可窦建德也是位磊落大夫，表示说“李勣忠臣，各为其主”，派人送李盖归唐，后来就一帆风顺。李勣协同李世民连平王世充、窦建德、刘黑闼、徐圆朗、辅公祏等人，功勋赫赫。其间，还有一个插曲可述。单雄信投王世充后，极受宠遇，也很卖命。李世民攻洛阳时，有一次与单雄信相遇，雄信号为“飞将”，艺高胆大，援枪直刺李世民，好几次差点追及把这位秦王捅落马下。李勣当时在旁，对单雄信这位老哥们说“此秦王也”，“雄信惶惧遂退”。王世充投降后，李世民把与唐军苦战的十几名大将列入处决名单，单雄信也在其中，李勣泣请，以自己家财爵位换这位老哥们一命，由于先前差点被单雄信杀掉，李世民坚执不允。李勣无奈，与单雄信诀于大狱。单雄信埋怨他：“我固知汝不办事。”李勣大哭，用刀从腿上割下一块肉给单雄信吃掉，说“本来想随仁兄一起死，但谁来照顾你的家人呢。此肉随兄入地下，以表我拳拳真情。”单雄信死后，李勣如家人般照顾他的妻子儿女，确是千古义气的典范。

贞观十五年（641年），拜李勣为兵部尚书，还未赴京上任，薛延陀部又侵扰李思摩部。李勣获唐廷委任为朔州行军总管，率轻骑三千追薛延陀于青山，大败敌师，斩名王一人，俘五万多人（薛延陀部为匈奴别种，为铁勒族，对唐朝时叛时附）。回朝后，李勣遇暴疾，药方上讲治此病胡须灰可以做药引，唐太宗听说后，自剪胡须，为李勣和药。儒家礼仪，身体发肤受之父母，一般人都不会轻易损伤，何况九五天子，亲剪“龙须”为臣子做药引，诚为千古美谈。李勣叩首见血以谢，感动得一塌糊涂。唐太宗说：“吾为社稷计耳，不烦深谢。”不久，君臣宴饮，唐太宗醺然对李勣讲："朕将以太子托付于您。您往年不负李密，今日必不会负朕。"李勣雪涕，誓以必死。俄而沉醉，唐太宗亲解御衣为这位勋臣盖上以免着凉，如此宠遇，古今罕有。

贞观十八年（644年），李勣跟从唐太宗伐高句丽，攻破辽东、白崖等数城。贞观二十年（646年），又率军大破薛延陀部，平定碛北。

贞观二十三年（649年），唐太宗临终时，因太子李治无恩于李勣，故意贬其为叠州都督。

高宗即位后，立拜李勣为尚书左仆射。永徽四年（653年），册拜司空。李勣为人小心谨慎，对于皇帝家事一概不过问。后世对他不反对高宗立武后一事颇有微词。但皇帝椒房内事，外臣权位再高，血缘再亲，掺和入宫闱之事无论成败，最终难逃一戮。李勣又非皇亲国戚，为人又深沉谨慎，加之唐太宗托负他的是社稷国事，所以他的表现实为中允，并非油滑臣下所为。因此，武后对他非常不错，对待李勣的老姐还亲自临问，赐以衣服，家人一般。

高宗乾封元年（666年），高句丽权臣盖苏文病死，其子男生继掌国事，另外两个儿子男建、男产发难，驱逐男生。男生奔唐朝，恳求唐朝发兵相助。高宗任李勣为辽东道行军大总管，率军征高句丽。乾封二年（667年）二月，李勣大军渡辽水，攻拔高句丽重城新城。李勣一路连捷，直抵平壤城南扎下大营，男建不断派兵迎战，皆大败而还。不久，城内人投降唐军为内应，大开城门，唐兵四面纵火，烧毁城门，男建窘急，自杀未死。平壤城最终被攻下，唐朝共获一百七十六城，六十九万七千户。至此高句丽国灭，分其地置九个都督府，四十一州，一百县，设安东都护府统管整个高句丽旧地。自隋文帝以来，屡伐高句丽，无一戎功。隋炀帝三次伐辽，因此亡国。英明神武如唐太宗，御驾亲征，也因天寒少粮而无功罢兵。高宗继位，前后派兵部尚书任雅相、左武卫大将军苏定方、左骁卫大将军契必何力多次征讨，皆无功而返。直到李勣老将出马，趁高句丽内乱，加之指挥有方，一举讨灭东边这个多年难拔的“钉子户”，想必隋、唐几位皇帝如果地下有知，肯定慚叹不已。

李勣凯旋不久，因征伐劳累而病重，总章二年十二月戊申（初三）日（669年12月31日）卒，年七十六岁。高宗亲为举哀，辍朝七日，赠太尉，谥曰贞武，陪葬昭陵。

李靖出生于官宦之家，隋将韩擒虎的外甥。祖父李崇义曾任殷州刺史，封永康公；父李诠仕隋，官至赵郡太守。李靖长得仪表魁伟，由于受家庭的熏陶，从小就有“文武才略”，又颇有进取之心，曾对父亲说：“大丈夫若遇主逢时，必当立功立事，以取富贵。”他的舅父韩擒虎是隋朝名将，每次与他谈论兵事，无不拍手称绝，并抚摸着他说：“可与论孙、吴之术者，惟斯人矣。”李靖先任长安县功曹，后历任殿内直长、驾部员外郎。他的官职虽然卑微，但其才干却闻名于隋朝公卿之中，吏部尚书牛弘称赞他有“王佐之才”，隋朝大军事家、左仆射杨素也抚着坐床对他说：“卿终当坐此！”

大业（605—617年）末年，李靖任马邑郡（治今山西省朔州市东）丞。这时，反隋暴政的农民斗争已风起云涌，河北窦建德，河南翟让、李密，江淮杜伏威、辅公祏等领导的三支主力军以摧枯拉朽之势，涤荡着隋朝的腐朽统治。身为隋朝太原留守的李渊也暗中招兵买马，伺机而动。李

靖察觉了他的这一动机，遂“自锁上变”，将往江都，以告发此事。但当到了京城长安时，关中已经大乱，因道路阻塞而未能成行。不久，李渊于太原起兵，并迅速攻占了长安，俘获了李靖。李靖满腹经纶，壮志未酬，在临刑将要被斩时，大声疾呼：“公起义兵，本为天下除暴乱，不欲就大事，而以私怨斩壮士乎！”李渊欣赏他的言谈举动，李世民赞赏他的才识和胆气，因而获释。不久，被李世民召入幕府，用做三卫。

武德元年（618年）五月，李渊建唐称帝，李世民被封为秦王。为了平定割据势力，李靖随从秦王东进，平定在洛阳称帝的王世充，以军功授任开府。从此，李靖开始崭露头角。当进击王世充的战役打响不久，盘踞在江陵（今属湖北省）的后梁萧铣政权派舟师溯江而上，企图攻取唐朝峡州（今湖北省宜昌市）、巴、蜀等地，被峡州刺史许绍击退，遂退守安蜀城及荆门城。为了削平后梁萧铣这一割据势力，唐高祖李渊调李靖赴夔州（今重庆市奉节）安辑萧铣。李靖奉命，率数骑赴任，在途经金州（今陕西省安康市）时，适遇蛮人邓世洛率数万人屯居山谷间，庐江王李瑗进讨，接连败北。李靖为庐江王出谋划策，一举击败了蛮兵，俘虏甚多。于是顺利通过金州，抵达峡州。这时，由于萧铣控制着险塞，再次受阻，迟迟不能前进。李渊却误以为他滞留不前，贻误军机，秘密诏令许绍将他处死。许绍爱惜他的才干，为他请命，才免于一死。不久，开州蛮人首领冉肇则叛唐，率众进犯夔州，赵郡王李孝恭率唐军出战失利，李靖则率八百士卒袭击其营垒，大破蛮兵。后又在险要处布下伏兵，一战而杀死肇则，俘获五千多人。当捷报传到京师时，唐高祖高兴地对公卿说：“朕闻使功不如使过，李靖果展其效。”立即颁下玺书，慰劳李靖说：“卿竭诚尽力，功效特彰。远览至诚，极以嘉赏，勿忧富贵也。”李靖的精诚至忠博得了李渊的信任，改变了对他的成见，并亲笔写敕与李靖说：“既往不咎，旧事我久忘之矣。”

武德四年（621年）正月，李靖鉴于敌我双方的情势，上陈了攻灭萧铣的十策，得到了唐高祖的重视。二月即任命李孝恭为夔州总管，擢任李靖为行军总管，兼任孝恭行军长史。高祖又以为孝恭不太精通军旅之事，“三军之任，一以委靖”。李靖实际上已成为三军统帅，李靖组织人力和物力大造舟舰，组织士卒练习水战，做好下江陵的准备。同时，他见巴、蜀之地归附唐皇朝不久，各部族还不太稳定，为了解除后顾之忧，他劝说李孝恭把各部族酋长子弟都召集到夔州，根据才能的优劣分别授以官职，安置在左右，“外示引擢，实以为质”。这对于稳固巴、蜀政局起了积极的作用。

武德六年（623年）七月，原投降唐皇朝的农民起义军将领杜伏威、辅公祏二人不和，辅公祏趁杜伏威入朝之际，窃据丹阳（今江苏省南京市），举兵反唐。高祖命李孝恭为帅，李靖为副帅，东下讨伐。

李靖运筹帷幄，判断准确，很快地平定了辅公祏的反叛。高祖为了嘉奖他的军功，赐物千段，并赐奴婢一百口，良马一百匹。设立东南道行台，授任他为行台兵部尚书。高祖十分钦佩他的军事才干，极口赞叹说：“靖乃铣、公祏之膏肓也，古韩（信）、白（起）、卫（青）、霍（去病）何以加！”

江南的局势安定以后，北方的形势又一时紧张起来。隋末唐初，东突厥势力强大，李渊太原起兵时，曾向突厥始毕可汗称臣，以换取北

方的相对安定。唐皇朝建立后，突厥一方面支持薛举、刘武周等割据势力，与唐皇朝分庭抗礼；另一方面，又自恃兵强马壮，不断举兵南下侵扰。在平定江南中功勋卓著的李靖又被调到北方，以反击突厥。

武德八年（625年）八月，突厥颉利可汗率十余万人越过石岭，大举进犯太原（今山西省太原市西南），唐高祖马上命李靖为行军总管，统率一万多江淮兵驻守太谷，与并州总管任瑰等迎击敌人。突厥来势凶猛，诸军迎战多失利，任瑰全军覆没，唯李靖军得以保全。不久，又调李靖为灵州道行军总管，以抗击东突厥。

武德九年（626年）八月，唐太宗即位刚几天，突厥颉利可汗乘唐朝皇帝更替之机，遂率十几万精锐骑兵再次进犯泾州（今甘肃省泾川西北）。并长驱直入，兵临渭水便桥之北，不断派精骑挑战，还派其心腹执失思力入朝，以观察虚实。当时征调的诸州军马尚未赶到，长安市民能拿兵器打仗者也不过几万人，形势十分危急。在此种情况下，唐太宗曾冒险亲临渭水桥，与颉利可汗结盟，突厥才退兵。事后，唐太宗擢任李靖为刑部尚书，不久转任兵部尚书。因他作战屡建功绩，赐实封四百户。

贞观三年（629年）八月，唐太宗接受了代州都督张公瑾的建议，决定出击东突厥，命兵部尚书李靖为定襄道行军总管，以张公瑾为副，发起了强大的军事攻势。又任命并州都督李勣、华州刺史柴绍、灵州大都督薛万彻等为各道总管，统率十几万军队，分道出击突厥。

贞观四年（630年）正月，朔风凛冽，李靖率领三千精锐骑兵，冒着严寒，从马邑（今山西省朔州市）出发，向恶阳岭挺进。颉利可汗万万没有想到唐军会突如其来，兵将相顾，无不大惊失色。他们判定：如果唐兵不倾国而来，李靖决不会孤军深入，于是“一日数惊”。李靖探知这一消息，密令间谍离间其心腹，其亲信康苏密前来投降。李靖迅即进击定襄，在夜幕掩护下，一举攻入城内，俘获了隋齐王杨暕之子杨正道及原炀帝萧皇后，颉利可汗仓皇逃往碛口（今内蒙古二连浩特西南）。李靖因军功进封代国公，赐物六百段及名马、宝器等。唐太宗高兴地对大臣道：“李靖以步卒五千绝漠，然卒降匈奴，其功尚得书竹帛。靖以骑三千，喋血虏庭，遂取定襄，古未有辈，足澡吾渭水之耻矣！”

在李靖胜利进军的同时，李勣也率军从云中（今山西省大同市）出发，与突厥军在白道（今内蒙古呼和浩特北）遭遇。唐军奋力冲杀，把突厥军打得溃不成军。颉利可汗一败再败，损失惨重，遂退守铁山，收集残兵败将，只剩下几万人马了。

颉利可汗处于山穷水尽的境地，他派执失思力入朝请罪，请求内附，并表示愿意入朝。其实，他内心尚犹豫未决，意欲赢得时间，以苟延残喘，俟草青马肥之时，逃到大漠以北，以卷土重来。

唐太宗派遣鸿胪卿唐俭等前去安抚，又诏命李靖率兵迎颉利可汗入朝。李靖率兵抵达白道，与李勣谋议：“颉利虽败，其众犹盛，若走度碛北，保依九姓，道路且远，追之难及。今诏使在彼，虏必自宽，若选精骑一万，赍二十日粮往袭之，不战可擒矣。”商议已定，遂率军连夜出发，李勣继后而进。

李靖率军进至阴山，遇到突厥斥候千余帐，一战而全部俘获，命与唐军同行。这时，颉利可汗见到唐使臣，放松了戒备。李靖前锋苏定方率领的两百余骑又乘着大雾，悄然疾行，直到距牙帐七里远的地方才被发觉。

如同惊弓之鸟的颉利可汗慌忙骑马逃走，突厥军也四散而逃。李靖大军随之赶到，杀敌一万余人，俘虏十几万，缴获牛羊数十万只（头），并杀死隋义成公主。颉利可汗率万余人想北过大漠，在碛口受李勣所阻，不能北逃，其大酋长皆率众投降。不久，颉利可汗被大同道行军总管任城王李道宗擒获，并送到京师，东突厥从此宣告灭亡了。

自隋朝以来，突厥是西北的强国。李靖等灭了东突厥，不仅解除了唐朝西北边境的祸患，而且也洗刷了唐高祖与唐太宗向突厥屈尊的耻辱。因此，唐太宗颇有感慨："朕闻主忧臣辱，主辱臣死。往来国家草创，突厥强梁，太上皇以百姓之故，称臣于颉利，朕未尝不痛心疾首，志灭匈奴，坐不安席，食不甘味。今者暂动偏师，无往不捷，单于稽颡，耻其雪乎！"太上皇李渊也欣喜万分，他把唐太宗、贵臣十几人，还有诸王、王妃、公主等召至凌烟阁，设宴庆祝。他一时兴起，还亲自弹起了琵琶，唐太宗起舞，大臣们也接连起身举杯祝贺，一直延续到深夜。

李靖在青少年时曾锐意进取，然而一旦富贵在身，又深惧盈满，能知足而退。到了贞观八年（634年）十月，担任宰相职务刚满四年的李靖即以足疾辞任，而且言辞恳切。唐太宗明白他的心意，并十分欣赏他的这一举动，派遣中书侍郎岑文本转告："朕观自古以来，身居富贵，能知止足者甚少。不问贤智，莫相自知，才虽不堪，强欲居职，纵有疾病，犹自勉强。公能识达大体，深足可嘉，朕今非直成公雅志，欲以公为一代楷模。"特颁下诏书，加授特进，赐物千段，尚乘马两匹。如足疾稍好一些，每两三天可到中书、门下平章政事。不久，又特赐李靖一条灵寿杖，以帮助他疗养足疾。

可此事还未过两个月，就发生了吐谷浑进犯凉州的事件，朝廷决定兴兵反击在任命统帅时，唐太宗自然想到了足智多谋、威名震撼边庭的李靖，认为他是最为合适的人选，可惜足疾未愈。而这位年逾花甲的老将军一听到朝廷将远征吐谷浑的消息，顿时精神抖擞，他顾不上足疾与年事已高，主动去求见宰相房玄龄，请求挂帅，亲自远征。唐太宗大喜过望，这年十二月，即任命李靖为西海道行军大总管，又分别任命兵部尚书侯君集、刑部尚书任城王李道宗、凉州都督李大亮、右卫将军李道彦、利州刺史高甑生等五人为各道行军总管，统由李靖指挥。于是一场大规模的反击吐谷浑的战争序幕拉开了。

李靖奉命赴任之时，正值寒冬腊月季节。他一路踏着冰雪，风餐露宿，备尝艰辛。翌年闰四月，唐军在库山（今青海省天峻）与吐谷浑交战，李道宗部大败吐谷浑，唐军首战告捷。

狡诈的吐谷浑可汗伏允一面往西败退，一面令人把野草烧光，以断绝唐军马草。干草已被烧光，春草尚未萌生，诸将大都认为战马瘦弱，不可长途追击。侯君集认为吐谷浑已“鼠逃鸟散，斥候亦绝，君臣携离，父子相失，取之易如拾芥，此而不乘，后必悔之”。李靖完全赞同他的意见，决定不给敌人喘息的机会，于是兵分两路：李靖与薛万均、李大亮等从北道，侯君集、李道宗从南道，两路大军一齐进发。

李靖亲自率领的北路军进展顺利。不几天，其部将薛孤儿于曼头山（今属青海省）击败吐谷浑军，杀其名王，用缴获的大批牛羊充作军食。接着李靖的主力军也先后于牛心堆、赤水源两次大败吐谷浑军。侯君集、李道宗所率南路军进展也很迅速，他们深入荒漠两千余里。这里荒无人烟，温差变化大，有时酷热难忍，有时寒冷得令人战栗。有时无水，他们只能刺马饮血解渴。唐军克服了种种困难，长途奔袭，到了五月，终于在乌海（今青海省兴海县）追上了伏允可汗，又大败其军，俘获了其名王。薛万均等于赤海也打败了吐谷浑的天柱王军。

李靖都督各军继续进击，又连战告捷。李大亮军于蜀浑山击败吐谷浑军，获其名王二十人。部将执失思力也在居茹川击败吐谷浑军。唐军乘胜进军，经过积石山河源，一直打到吐谷浑西陲且末（今新疆且末）。部将契苾何力追击伏允可汗，破其牙帐，杀数千人，缴获牛羊二十多万头（只），并俘虏了其妻子。

伏允可汗率一千多骑兵逃到碛中，已到了山穷水尽的地步，部下纷纷离散，不久，伏允可汗为部下所杀。其长子大宁王慕容顺杀死天柱王，率众降唐。李靖率军经过了两个月的浴血奋战，平定了吐谷浑，并向京师告捷。唐朝为了控制吐谷浑旧境，封慕容顺为西平郡王、趉故吕乌甘豆可汗，并留下李大亮协助防守。

在进击吐谷浑时，利州刺史高甑生任盐泽道总管，未按期到达，贻误了军机，受到李靖的责备，高甑生心怀不满。战事结束后，高甑生串通广州都督府长史唐奉义诬告李靖谋反，唐太宗令调查此事，弄清事实真相，判定高甑生以诬罔罪减死，流放边疆。从此，李靖“乃阖门自守，杜绝宾客，虽亲戚不得妄进”。

不久，李靖以功进封卫国公。贞观十七年（643年），又与长孙无忌等二十四人图像于凌烟阁，尊奉为功臣，并进位开府仪同三司。

贞观十八年（644年），唐太宗亲自征伐高句丽，把李靖召入阁内，对他道："公南平吴，北破突厥，西定吐谷浑，唯高句丽未服，亦有意乎？"这位年过七旬的老将虽染病在身，仍表示愿意从行，对唐太宗道："往凭天威，得效尺寸功。今疾虽衰，陛下诚不弃，病且瘳矣。"唐太宗见他实在年老体衰，未同意他远征。

李靖虽未从征高句丽，但对前线的战事颇为关注。唐太宗进至驻跸山（今辽宁省辽阳市南）时，高句丽兵倾国出动，内部空虚，李道宗曾请求率精兵五千，奇袭平壤，唐太宗未答应。事后回京，唐太宗询问李靖："吾以天下之众，困于蕞尔之夷，何也？"素以出奇制胜的李靖以为唐太宗未能听从李道宗的计谋，便道："此道宗所解。"唐太宗询问李道宗，他说明了当时的建议未被采纳，唐太宗听后怅然说："当时忽遽不忆也。"

李靖明察事件，善于见微而知著。唐太宗要他教给侯君集兵法，后来侯君集上奏唐太宗，说李靖将反，因为每到精微之处，李靖则不教授。唐太宗听后责备李靖，李靖却回答："此君集反耳。今中夏乂安，臣之所教，足以安制四夷矣。今君集求尽臣之术者，是将有异志焉。"此时，侯君集尚未有任何反迹，唐太宗似不相信。一次，朝后回尚书省，侯君集骑马越过省门数步尚未发觉。李靖见到这种情况，便对人道："君集意不在人，必将反矣。"至贞观十七年（643年）四月，侯君集果然与太子承乾谋反，事情败露后被杀，证明了李靖的预见准确无误。

贞观二十三年（649年），李靖病情恶化，唐太宗亲临疾榻慰问。他见李靖病危，涕泪俱下，十分难过地对李靖道："公乃朕生平故人，于国有劳。今疾若此，为公忧之。"这年四月二十三日（7月2日），李靖溘然逝去，享年七十九岁。唐太宗册赠司徒、并州都督，给班剑、羽葆、鼓吹，陪葬昭陵，谥曰景武。坟墓如同卫青、霍去病故时，筑坟形如同突厥内燕然山、吐谷浑内积石二山形状，“以旌殊绩”。因为他战功显赫，死后经常显灵，为百姓救危解厄，百姓为其建庙供奉，于是到晚唐时候，李靖渐渐被神化了。

## 两大门神，尉迟秦琼

尉迟恭，字敬德，唐朝大将，凌烟阁二十四功臣之一。年少时以打铁为业，隋炀帝大业末，尉迟敬德从军于高阳，以武勇称，累授朝散大夫。

隋朝大业末年，尉迟敬德在高阳从军，时隋炀帝杨广统治残暴，骄奢荒淫，爆发了大规模的农民起义，尉迟敬德多次随军出征，以武勇称著，被授朝散大夫之职。

义宁元年（617年）三月，马邑（治善阳，今山西省朔州市）鹰扬府校尉刘武周杀太守王仁恭，起兵反隋，并遣使归附突厥。三月，刘武周称帝，建元天兴，成为隋北方地区最大的割据势力。刘武周闻知尉迟敬德作战勇猛，便将其网罗到自己麾下，担任偏将。

太原起兵的唐国公李渊建唐后，部将宋金刚建议刘武周“入图晋阳（今山西省太原市），南向以争天下”，刘武周遂于武德二年（619年）三月，在突厥支持下举兵南下，尉迟敬德也在其中。九月，刘武周占领太原。尉迟敬德随宋金刚继续南下，攻克晋州（今山西省临汾市）。十月，又攻占浍州（治翼城，今属山西省）。此时夏县（今山西省夏县西北禹王城）人吕崇茂起兵响应刘武周，击败唐右仆射裴寂。唐高祖李渊诏令永安王李孝基、工部尚书独孤怀恩、陕州总管于筠、内史侍郎唐俭等率兵讨伐吕崇茂。双方对峙于夏县。

是月，秦王李世民奉命统关中兵进攻刘武周。十一月，自龙门关（今山西省河津县西北）趁坚冰过黄河，屯兵柏壁，与宋金刚军对峙，并同固守绛州（治正平，今山西新绛）的唐军形成犄角之势，进逼宋金刚军。

十二月，吕崇茂向宋金刚求援，宋金刚即遣尉迟敬德和寻相率兵潜往夏县，接应吕崇茂。尉迟敬德与吕崇茂里应外合，夹击唐军，大败唐军，李孝基、独孤怀恩、于筠、唐俭及行军总管刘世让全部被尉迟敬德俘获。唐高祖李渊为救回被俘诸将，便免去其罪，派人招降了吕崇茂，拜夏州刺史，同时还让吕崇茂暗中除掉尉迟敬德，尉迟敬德闻讯后，将吕崇茂杀死。

尉迟敬德、寻相击败唐军后，还军浍州。李世民闻讯，即派兵部尚书殷开山、总管秦叔宝等在美良川（今山西省夏县北）截击尉迟敬德军，尉迟敬德毫无准备，被唐军斩首两千余级，大败而归。

不久，尉迟敬德、寻相秘密率精骑前往蒲坂（今山西省永济县西南蒲州镇），救援王行本。李世民又亲自率步骑三千人连夜从小路赶到安邑（今山西省运城市东北安邑），截击尉迟敬德、寻相军，尉迟敬德这次败得更惨，除自己与寻相只身脱逃，其众全部被唐军所俘。唐将独孤怀恩也趁机逃走。

当时独孤怀恩本欲反唐自立，在狱中曾将此事告诉了唐俭，独孤怀恩逃回后，又奉命攻蒲坂。唐俭闻讯后，恐独孤怀恩反唐，便说服了尉迟敬德允许他派人给李渊报信，李渊遂将独孤怀恩诛杀。尉迟敬德当时已有归唐之心。

武德三年（620年）四月，与唐军相持约5个月的宋金刚军终因粮秣断绝，被迫以寻相部为后卫，向北撤退。李世民即率军跟踪追击，大败宋金刚军。宋金刚率余部两万精兵退至介休（今山西省介休），出西门而战，宋金刚惨败而逃。刘武周放弃并州（今山西省太原市）与宋金刚逃往突厥，后为突厥所杀。尉迟敬德则收拢残兵，坚守介休。李世民知其武勇出众，便派任城王李道宗和宇文士及进城劝降。尉迟敬德遂与寻相以介休、永安（今山西省霍县）二城降唐。李世民见尉迟敬德来降，非常高兴，任命尉迟敬德为右一府统军，让他继续统领旧部八千人，与诸营相参。李世民的过分信任引起唐军众将的不满，李世民行军元帅长史屈突通怕尉迟敬德会反复，多次向李世民提起此事，均被李世民拒绝。

七月，秦王李世民奉命率军东征隋洛阳守将王世充。九月，寻相和刘武周的一些旧将相继叛变逃走，唐朝诸将对尉迟敬德也怀疑起来，认为尉迟敬德必叛，就把其关押在军中。二十一日，行台左仆射屈突通与尚书殷开山向李世民进言道："敬德初归国家，情志未附。此人勇健非常，絷之又久，既被猜贰，怨望必生。留之恐贻后悔，请即杀之。"李世民却道："寡人所见，有异于此。敬德若怀翻背之计，岂在寻相之后耶？"李世民当即释放尉迟敬德，引入内室，赐以金宝，并道："丈夫以意气相期，勿以小疑介意。寡人终不听谗言以害忠良，公宜体之。必应欲去，今以此物相资，表一时共事之情也。"李世民这番话，使尉迟恭内心十分激动，从此终生对李世民效力，成为君臣关系的楷模。

秦王李世民由于长年在外征战，所以选千余精锐骑兵作为亲兵，皆着黑衣黑甲，号称玄甲队。每次冲锋陷阵，李世民都披上黑甲亲率玄甲队作为先锋，伺机进击，所向披靡，敌人畏惧。尉迟敬德归唐后，与骁将秦叔宝、程知节、翟长孙共同统领玄甲队，保护李世民。武德四年（621年）正月，屈突通与赞皇公窦轨带兵巡营，猝与王世充军遭遇，交战不利，李世民即率玄甲队驰赴救援，大败王世充军，俘其骑将葛彦璋，斩俘六千余人，王世充逃回洛阳。

三月，夏王窦建德率十余万大军西援洛阳，水陆并进，与王世充部将郭士衡数千人会合，进屯虎牢（今河南省荥阳汜水镇西）东广武山，并在板渚（今河南省荥阳高村西北牛口峪附近黄河南岸）筑宫，与王世充相呼应，威胁唐军侧背。李世民命齐王李元吉等继续围困洛阳，亲率精兵步骑三千五百人于二十五日进驻虎牢。

二十六日，李世民率骁骑500出虎牢，在其东20多里处侦察窦建德军营，沿途设伏，令李勣、程知节、秦叔宝分别统领。然后与尉迟敬德仅带四名骑兵继续前进。李世民对尉迟敬德说："吾执弓矢，公执槊相随，虽百万众若我何！"又说："贼见我而还，上策也。"在离其营3里处，猝与窦军游骑相遇，李世民于是大呼"我秦王也"，引弓射杀一将。窦建德军中大惊，窦建德急忙派五六千骑兵前来追逐。四名骑兵见状大惊，李世民道："汝弟前行，吾自与敬德为殿。"于是尉迟敬德随李世民殿后，且战且退，当追兵将要追上时，便引弓射杀一人。追兵见状惧而止步，随后又追来，如此再三，每次都有死者，李世民前后射杀数人，尉迟敬德在保护李世

民的同时，也杀十余人，窦建德军不敢再逼。待李世民将追兵引入伏击处，李勣等奋起进击，大破之，并斩首300余级，俘其骁将殷秋、石瓒。

窦建德军被阻于虎牢东月余（一说20余日）不得西进，几次小战又都失利，将士思归。五月初二，窦建德军倾巢而出，擂鼓挑战。时王世充侄子王琬在窦建德军中，骑着隋炀帝的骢马，铠甲甚鲜。王琬骑着骢马故意到阵前炫耀于众。李世民是爱马之人，不禁赞叹道："彼之所乘，真良马也。"尉迟敬德见状，便请求将马抢过来。李世民急忙制止道："岂可以一马丧猛士？"（《资治通鉴·卷第一百八十九》）但尉迟敬德决心已定，率高甑生、梁建方直入窦军，擒王琬，引宝马而归，窦军虽众，却无人敢挡。待到中午，窦军饥疲思归，李世民见时机成熟，遂下令出击，窦军士卒迅速崩溃，窦建德也为唐军所俘。唐军主力回师洛阳，王世充见大势已去，被迫于五月初九率太子、群臣等两千余人投降。

七月，窦建德旧部刘黑闼起兵反唐，很快占据河北大部郡县和河南部分地区。

九月初四，突厥又入侵原州（治平高，今宁夏固原），唐以尉迟敬德为行军总管，将其击退。十二月十五日，李世民命奉命征讨刘黑闼。

武德五年（622年）三月，李世民在洺水以南扎营。刘黑闼多次挑战，李世民均坚壁不战，以挫其锋。此时双方已相持60余日，刘黑闼暗中率军袭击李勣军，李世民率略阳公李道宗袭击刘黑闼军侧后以救援李勣，结果被刘黑闼包围。此时尉迟敬德率勇士冲入包围，大破帮阵，将李世民和李道宗救出。二十六日，唐军大败刘黑闼，刘黑闼逃入突厥。随后尉迟敬德又随军平掉响应刘黑闼的徐圆朗。尉迟敬德因功被授予秦王府左二副护军。

唐统一大业基本完成后，北方的突厥不断南侵，成为唐朝的主要敌人，尉迟敬德在与突厥的作战中也屡立战功。早在武德四年（621年）九月，尉迟敬德便曾击退过突厥军。武德六年（623年）七月初九，突厥侵犯原州。十一日，进攻朔州，右武侯大将军李高迁被击败，尉迟敬德奉命带兵救援。武德七年（624年）七月十二日，突厥袭扰陇州（治汧源，今陕西陇县），尉迟敬德（时任护军）再次奉命进击突厥。

从太原起兵到统一全国过程中，李世民屡建奇勋，威望很高，并形成了以秦王府谋士和勇将为核心的实力雄厚的政治集团，尉迟敬德便是其中之一，对太子李建成构成严重威胁。李建成为保住太子地位及皇位继承权，与齐王李元吉结交，共同反对李世民。武德七年（624年）六月，李建成乘李渊去仁智宫（在今陕西宜君境）避暑，指使亲信杨文干发动叛乱，企图除掉李世民，夺取帝位，但叛乱被很快平息，李建成也受到唐高祖李渊训斥。武德九年（626年）六月，李建成在夜宴酒中下毒，致使李世民心中暴痛，口吐鲜血。

鉴于秦王府多骁将，李建成、李元吉欲收买诸将，以为已用。由于尉迟敬德是李世民手下大将，所以便先向尉迟敬德下手。李建成首先用高官厚禄收买尉迟敬德，派人劝他说："愿迂长者之眷，敦布衣之交，幸副所望也。"并赠金银器物一车。但尉迟敬德不为所动，推辞道："敬德起自幽贱，逢遇隋亡，天下土崩，窜身无所，久沦逆地，罪不容诛。实荷秦王惠以生命，今又隶名籓邸，唯当以身报恩。于殿下无功，不敢谬当重赐。若私许殿下，便是二心，徇利忘忠，殿下亦何所用？"李建成闻讯大怒不已，从此不再与尉迟敬德往来。事后，尉迟敬德将此事告诉李世民，李世民对他说："公之素心，郁如山岳，积金至斗，知公情不可移。送来但取，宁须虑也。若不然，恐公身不安。且知彼阴计，足为良策。"李元吉等深忌尉迟敬德，知道他在李世民身边要想除掉李世民就非常困难，见软的不行，便来硬的。李元吉派刺客去行刺尉迟敬德，尉迟敬德知道后，故意把几重门都大开，自己则安卧不动，刺客几次潜入尉迟敬德庭院内，见此情景反而不敢下手。李元吉见行刺不成，便在唐高祖李渊面前陷害尉迟敬德，李渊也正想剪除李世民的羽翼，便下诏将尉迟敬德逮捕，准备问斩。李世民闻讯赶忙营救，经多方面周旋，才将尉迟敬德释放。至此，李建成、李元吉对尉迟敬德的软硬兼施均未得逞。

时突厥郁射设率数万骑兵入塞，围攻乌城（今山西省盂县西北）。李建成趁机推荐李元吉代李世民督诸军北征，李渊命其率右武卫大将军李艺（为太子党人）等前去救援。李元吉奏请抽调秦府勇将尉迟敬德、程知节、段志玄和秦叔宝等随军，以削弱李世民实力，然后乘机将其除掉。李世民从王晊那里得知李建成欲於为李元吉饯行时杀害他，便将此事告诉了秦府的文臣武将。尉迟敬德知道后，便与长孙无忌一起劝李世民："大王若不速正之，则恐被其所害，社稷危矣。"李世民听后叹息道："今二宫离阻骨肉，灭弃君亲，危亡之机，共所知委。寡人虽深被猜忌，祸在须臾，然同气之情，终所未忍。欲待其先起，然后以义讨之，公意以为何如？"尉迟敬德说："人情畏死，众人以死奉王，此天授也。若天与不取，反受其咎。虽存仁爱之小情，忘社稷之大计，祸至而不恐，将亡而自安，失人臣临难不避之节，乏先贤大义灭亲之事，非所闻也。以臣愚诚，请先诛之。王若不从，敬德言请奔逃亡命，不能交手受戮。且因败成功，明贤之高见；转祸为福，智士之先机。敬德今若逃亡，无忌亦欲同去。”但李世民仍然犹豫未决。长孙无忌又说：“王今不从敬德之言，必知敬德等非王所有。事今败矣，其若之何？”李世民说：“寡人所言，未可全弃，公更图之。”尉迟敬德又说：“王今处事有疑，非智；临难不决，非勇。王纵不从敬德言，请自决计，其如家国何？其如身命何？且在外勇士八百余人，今悉入宫，控弦被甲，事势已就，王何得辞！”

在众人的劝说下，李世民率尉迟敬德、侯君集、张公谨、刘师立、公孙武达、独孤彦云、杜君绰、郑仁泰、李孟尝九将伏兵玄武门（长安太极宫北面正门）内。李建成、李元吉行至临湖殿感觉有变，慌忙掉马准备返回东宫和齐府。李世民从后面招呼他们，李元吉张弓即射，仓促间控弦不开，皆未中的，李世民则趁机射杀李建成。此时，尉迟敬德率七十名骑兵赶至，左右箭射李元吉，李元吉中流矢坠马，逃入树林中。李世民纵马追赶，但衣服被树枝挂住，坠马落地。李元吉见状，立刻赶到，夺弓将扼杀李世民。在此危难之时，又是尉迟敬德及时赶到，跃马呵斥李元吉，李元吉见到尉迟敬德，放开李世民，欲趋武德殿，尉迟敬德边追边射，将李元吉射杀。这时，东宫翊卫车骑将军冯立、副护军薛万彻和屈唾至直府左车骑谢叔方率东宫、齐府精兵两千人赶来，猛攻玄武门，形势危急。关键时刻，尉迟敬德持建成、元吉首级赶到示众，东宫、齐府士卒遂溃散。

此时唐高祖李渊正在海池划船，李世民即命尉迟敬德带甲进宫宿卫。尉迟敬德披甲持矛，直至李渊处。李渊见尉迟敬德如此装束，大惊失色，问道：“今日作乱是谁？卿来此何也？”尉迟敬德答道：“秦王以太子、齐王作乱，举兵诛之，恐陛下惊动，遣臣来宿卫。”李渊这才放心，但事已至此，无力回天，只好说李世民做得正确。当时宫城的南衙、北门一带以及太子宫、秦王府附近仍在厮杀，尉迟敬德便请李渊下手敕“诸军兵并受秦王处分”。李渊见大势已去，只得依从，至此，玄武门事变以李世民的全胜而告终。尉迟敬德居功至伟，李渊也称其：“卿于国有安社稷之功。”还赐给他很多珍宝。

李渊立李世民为皇太子。尉迟敬德因功被授予太子左卫率。当时李建成、李元吉的亲信有百余人被捕，诸将都要求将这些人治罪，尉迟敬德对此坚决反对，他说：“为罪者二凶，今已诛讫，若更及支党，非取安之策。”在他的再三争取下，才没将这些人治罪。

武德九年（626年）八月初八，李渊退位。初九，李世民即皇帝位，是为唐太宗。当时，突然发生了意外，突厥颉利可汗认为李世民刚即帝位，内部矛盾尚未全部解决，统治秩序还未安定，遂与突利可汗合兵二十万人，大举入侵唐边，很快进至泾州（今甘肃泾川北泾河北岸）、武功（今陕西武功西北武功镇）一带。二十四日，突厥军进至高陵县（今属陕西人）。当时唐朝在长安的兵力远不及突厥，各地的援军又来不及赶到，情况十分危急。尉迟敬德临危受命，任泾州道行军总管，在泾阳（今属陕西）突厥交战，大破突厥，擒获突厥俟斤（官名）阿史德乌没啜，斩首千余级。二十八日，颉利可汗率军进至渭水便桥北岸，唐太宗率高士廉、房玄龄等六名骑兵直驰至渭水河边，大声斥责颉利可汗背弃盟约。俄而各路唐军陆续赶到，旌旗盔甲遮天蔽日。唐太宗命大军迅速布阵，自己仍单独与颉利可汗对话。颉利可汗见唐军阵容齐整，似早有准备，大为恐惧，遂请求讲和。三十日，李世民与颉利在便桥会盟，宰马歃血，并赠其大量金帛，颉利遂率军北撤。由此不难看出，尉迟敬德的胜利虽虽没使突厥主力受损，但在士气上打击了突厥，为唐太宗计退突厥起了重要的作用。

九月，尉迟敬德被封为吴国公。十月，唐太宗大封功臣，尉迟敬德与长孙无忌在玄武门事变中功劳并列第一，各赐绢万匹；为了感谢尉迟敬德的救命之功，唐太宗将齐王府的全部财产都赐给了尉迟敬德；还拜尉迟敬德为右武侯大将军；此外，尉迟敬德还食实封一千三百户，与长孙无忌、王君廓、房玄龄、杜如晦相同，仅次于裴寂的一千五百户。

贞观元年（627年）正月，天节将军、燕郡王罗艺反唐，唐太宗诏命尉迟敬德与吏部尚书长孙无忌率兵征讨。兵未至，罗艺已为手下所杀，遂回师。

由于尉迟敬德性情憨直，居功自傲，见到房玄龄、杜如晦、长孙无忌等人，常常当面讥讽他们，议论其长短，有时甚至在宫廷之上厉言争辩，于是和这些人的关系逐渐恶化。此后，尉迟敬德离开京城出任地方官。贞观三年（629年），尉迟敬德出任襄州（治今湖北襄樊）都督。贞观五年（631年），因尉迟敬德与长孙无忌、房玄龄、杜如晦是元勋，各封一子为郡公。贞观六年（632年），迁同州（治冯翊，今陕西省大荔）刺史。

贞观六年（632年）九月二十九日，唐太宗大摆酒宴，已是同州刺史的尉迟敬德也回京赴宴。席间，尉迟敬德见到有人的席位在他之上，大怒不已，道："汝有何功，合坐我上？"时任城王李道宗坐在尉迟敬德的下首，反复劝解。尉迟敬德竟然勃然大怒，殴打李道宗，李道宗猝不及防，一只眼睛几乎被打瞎。唐太宗非常不高兴，规劝尉迟敬德："朕览汉史，见高祖功臣获全者少，意常尤之。及居大位以来，常欲保全功臣，令子孙无绝。然卿居官辄犯宪法，方知韩、彭夷戮，非汉祖之愆。国家大事，唯赏与罚，非分之恩，不可数行，勉自修饬，无贻后悔也。”尉迟敬德听完这一席语重心长的话，忙磕头谢罪，从此才约束自己的行为。

贞观十一年（637年），唐太宗分封功臣官爵，册拜尉迟敬德为宣州刺史，改封为鄂国公。

贞观十三年（639年）二月初七，尉迟敬德任鄜州（今陕西省富县）都督。唐太宗曾对尉迟敬德说：“人或言卿反，何也？”尉迟敬德愤然道：“臣反是实！臣从陛下征伐四方，身经百战，今之存者，皆锋镝之余也。天下已定，乃更疑臣反乎！”说罢将衣服脱掉，露出身上所受的伤疤。唐太宗见状，泪流不已，激动地说：“卿复服，朕不疑卿，故语卿，何更恨邪！”

唐太宗还对尉迟敬德说：“朕欲以女妻卿，何如？”尉迟敬德叩谢道：“臣妻虽鄙陋，相与共贫贱久矣。臣虽不学，闻古人富不易妻，此非臣所愿也。”唐太宗只好作罢。从这件小事中不难看出尉迟敬德不忘本的品质，值得后人学习。

此后尉迟敬德又出任夏州（今陕西省靖边东北白城子）都督。

贞观十七年（643年）二月，尉迟敬德请求回家养老。二十五日，朝廷任命尉迟敬德为开府仪同三司，五天一上朝。二十八日，唐太宗命人画二十四功臣图于凌烟阁，皆真人大小，尉迟敬德名列其中，位于第七名。

贞观十九年（645年）二月十二日，唐太宗由洛阳出发，亲征高句丽。十七日，唐太宗下诏令太子监国。此时，已经在家养老的尉迟敬德上疏进言：“车驾若自往辽左，皇太子又在定州，东西二京，府库所在，虽有镇守，终是空虚。辽东路遥，恐有玄感之变。且边隅小国，不足亲劳万乘，伏请委之良将，自可应时摧灭。”这本是个很好的建议，但唐太宗志在建功立业，没有采纳，反而让尉迟敬德以本官行太常卿，为左一马军总管，随唐太宗一起出征高句丽。回京后，尉迟敬德仍然回家养老，不问世事。

尉迟敬德晚年迷信方术，在家中设炉炼丹，服食云母粉，以求长生不老。又“尉迟敬德墓志穿筑池台，崇饰罗绮，尝奏清商乐以自奉养”，安享晚年。同时谢绝宾客，十六年未与外人来往。

唐高宗显庆三年（658年），唐高宗李治以尉迟敬德功大，追赠其父为幽州（今北京城西南）都督。

同年十一月二十五日（658年12月25日），尉迟敬德在家中去世，享年七十四岁。唐高宗为此废朝三日，令在京五品以上官员都去参加吊唁。同时册赠尉迟敬德为司徒、并州都督，谥曰忠武，赐东园秘器。给班剑、羽葆、鼓吹，陪葬昭陵（唐太宗陵园，在今陕西省礼泉县东北）。

秦琼，字叔宝，齐州历城（今山东省济南市）人。秦琼之父曾任北齐时期的咸阳王录事参军。

秦叔宝最初是在隋朝大将来护儿的帐下担任亲兵，在传说中的隋唐好汉中，排在秦叔宝前面的好汉只有来护儿在历史上确有其人，秦叔宝的确也很受来护儿的赏识。秦叔宝的母亲去世了，来护儿派人吊唁，众人十分惊奇：“士兵阵亡和士兵的亲人去世，样的情形很多，将军从来没有过问过，为什么唯独对秦叔宝格外礼遇呢？”来护儿的回答是：“秦叔宝此人勇悍无比，有志气，有节操，以后一定能够飞黄腾达，成就大业，岂能以卑下的态度对待他。”隋朝末年，隋炀帝杨广对内穷奢极侈，对外连年用

兵，沉重的徭役、兵役逼得农民走投无路，民不聊生之下，农民起义此起彼伏。秦叔宝转到齐郡通守张须陀帐下，以镇压农民起义起家。历史上的所谓农民起义，少有军纪严明、爱民如子，多的是烧杀抢掠、蹂躏百姓，所以，农民起义以失败而告终毫不稀奇，秦叔宝充当刽子手也是理所当然的事情。

大业十年（614年）十二月，秦叔宝随张须陀进攻卢明月的起义军。张须陀手下只有一万多人，而起义部队有十余万人，双方相持了十几天后，张须陀的部队粮食将尽，战况却不见起色，爱兵如子的张须陀征求众人的意见，说道："敌人看见我们撤兵，一定倾巢出动，全力追赶，他们的大营必定空虚，此时用一千人偷袭敌人的营地，必然成功，但这项计谋是兵行险招，十分危险，哪位将军愿意担此重任？"大家面面相觑，无人敢应，只有秦叔宝和罗士信自告奋勇，上前接令，当时的罗士信大概只有十五岁，少年英雄，正是初生牛犊不畏虎的年龄。张须陀按计行事，弃营撤退，秦叔宝、罗士信分别带领一千多人埋伏在荒草丛中，等待时机。卢明月果然率众追赶张须陀，秦叔宝、罗士信带着伏兵直扑义军营寨，对方营门紧闭，秦叔宝和罗士信攀栅而上，敌人刀枪齐下，二人用佩刀格挡，翻越栅栏，一跃而下，他们手起刀落，很快就解决了数十人，然后打开营门，让隋军进入，跟着四处纵火，焚烧了义军三十多个营栅，烈焰冲天，映红了整个天空。卢明月心知不妙，赶紧回救，却为时已晚，张须陀回军冲杀，斩敌无数，激战之下，卢明月仅以数百骑突围，其余的全部作了隋军的俘虏。经此一战，秦叔宝名扬四海，声震天下。

接着，秦叔宝跟随张须陀平定其他义军，屡建战功。在与孙宣雅对决的海曲之战中，他身先士卒，第一个跃上城楼，打败了孙宣雅，被隋朝授予建节尉一职，这是史书上记载的秦叔宝的第一个官职。无奈天下形势已经不可收拾，义军散而复聚，越杀越多，注定了大隋忠臣张须陀不可避免的悲剧命运。

大业十二年（616年），张须陀与瓦岗军李密在大海寺（今河南省荥阳东北）决战，隋军中了埋伏，被李密的义军团团围住，张须陀本来已经冲出了包围圈，眼见部下无法突围，于是返身去救，在千军万马之中四进四出，终于力竭战死，以身殉国。战后，秦叔宝率领残兵投靠了隋将裴仁基，听从裴仁基的指挥与调遣。

大业十三年（617年）四月，裴仁基与瓦岗军作战不利，索性投降了瓦岗军，这样，秦叔宝就成了瓦岗军李密手下的将领。李密家世高贵，世代都是显宦，却不是人们想象当中眼高手低的贵公子，唐人的史料中记载，他曾与翟让比试箭法，以此来决定谁当瓦岗军的大当家。比试的办法是，在箭靶上写一个王字，王字中间一横和一竖的交叉点就是靶心，谁射中了靶心就是赢家，王伯当特意将笔画写得很细，增加比试的难度。李密不慌不忙地拿起弓箭，立马射中了靶心，坐上了瓦岗军大当家的位置。李密对秦叔宝和程知节十分看重，他挑选了八千名最勇猛的士兵组成“内军”，分为左右两军，由秦叔宝和程知节分别统领，主要任务是充当李密的亲卫队，李密曾夸下海口说：“我这八千人可当百万大军。”在李密的眼中，秦叔宝是最勇敢、武艺最高超的将军。

唐高祖武德元年（618年）七月，瓦岗军与宇文化及的军队在黎阳（今河南省浚县东北）展开决战，双方在童山（今河南省浚县西南）脚下杀得天昏地暗，由早及晚，不分胜负。李密被流箭射中，从马上摔下来，昏死过去，瓦岗军众人都以为李密已经战死，士气崩溃，宇文化及的大军又趁势追杀，眼见瓦岗军就要一败涂地，秦叔宝临危不乱，在千军万马中将李密营救出来，随后，又集合散兵败将，向宇文化及发动反扑，终于将宇文化及击败，但是，瓦岗军也已遭受重创，实际上是两败俱伤。这时，另一个割据势力王世充想坐收渔人之利，率领两万精锐对瓦岗军发起攻击，李密却棋走昏招，坚持与对手硬碰硬，在河南邙山与王世充的军队正面决战。王世充的军队面临断粮的境地，正是置之死地而后生。个个在战场上如同下山猛虎，瓦岗军烟消云散，大当家李密撇下部下，独自投奔了大唐，秦叔宝、程知节万般无奈之下，归顺了王世充这个奸雄。

秦叔宝得到了高官厚禄，得封龙骧大将军，却很快就鄙薄王世充的为人。程知节对秦叔宝言道："王世充对人没有器量，又爱诅咒发誓，活像个巫婆神汉，他奸诈狡猾，绝不可能是天下归心的明主，我们跟着他没有出路。"秦叔宝深表赞同，决定离开王世充，另投明主。

此时，李渊父子威名远振，出师以来势如破竹，秦叔宝、程知节心中倾慕，决定到大唐去建功立业。619年2月，王世充军与唐军在河南九曲作战，秦叔宝和程知节假装向唐军冲击，一行几十骑跑出一百多步，一齐下马向王世充拜别："我们得到了你的特殊礼遇，也想报答你，但你疑心太重，不能容人，我们不想与你为伍，就此告别，后会有期。"王世充的鼻子几乎气歪，却无可奈何，眼睁睁看着众人投奔了唐营而不敢追击。

秦叔宝和程知节归唐之后，被唐高祖李渊指派到秦王李世民帐下与年轻英武的秦王一见如故，很快受到了秦王的重用。秦叔宝被授予马军总管，程知节被授予秦王府左三统军，李世民亲自挑选千余精锐骑兵，穿皂衣黑甲，由秦叔宝、程知节等人统领，组成玄甲队，每战必为先锋，开始了扫平割据势力的征战历程。

唐武德二年（619年）三月，北方最大的割据势力刘武周举兵攻唐，并州都督李元吉指挥不当，致使太原失守，李元吉逃到了长安，柏壁（今山西省新绛县西南）之战由此拉开了序幕。刘武周大将宋金刚乘胜前进，一路凯歌，大唐的河东领土几乎全部失陷，李世民眼见情势危急，挺身而出，担当了收复河东的重任。

李世民的三万精兵渡过黄河，在柏壁与宋金刚军对峙。宋金刚是孤军深入，利在速战速决，李世民坚壁不出，又派人截断宋金刚的粮道，等待宋金刚粮草耗尽、无以为继。在此之前，河东的夏县与蒲州起兵响应刘武周，大唐朝廷派永安王李孝基前往征剿，宋金刚派尉迟敬德增援夏县守军，里应外合，将永安王李孝基及手下将领尽数抓获。尉迟敬德得意洋洋，准备还军浍州（今属山西省），此时，秦叔宝已经埋伏在夏县与浍州之间的美良川（今山西省闻喜县南），准备给尉迟敬德一个迎头痛击。尉迟敬德早已被胜利冲昏头脑，未将秦叔宝的伏军放在眼里，双方交手之后，才发现此路唐军勇猛无敌，势不可当，尉迟敬德左冲右突，奋力杀出包围圈，狼狈逃向浍州，秦叔宝部斩首2000余级，一举扭转了整个战局。

柏壁之战，河东收复，秦叔宝战功最著，唐高祖欣喜万分，加封上柱国，赏黄金百斤、杂彩六千段。他派人送秦叔宝一个金瓶，告诉秦叔宝：“你不顾自己的妻子儿女，远来投奔我，立下了很大的功劳。如果我的肉可以食用，我都应该赐给你，何况那些子女玉帛？你要以此为勉励，带领部下，为大唐再立新功。”很快，秦叔宝成为秦王右三统军，下一个敌人，就是秦叔宝曾经效力过的王世充。

王世充原来就是隋朝东都洛阳的守将，他毒死杨侗，于武德二年（619年）四月称帝，国号为郑，占据河北大部州县的窦建德也自称夏王。这样，在中原地区，唐、郑、夏形成三足鼎立之势。

王世充趁着唐军在河东作战，夺取了河南的许多州县，成为大唐急需解决的心腹之患。李渊采取先王后窦的方略，于武德三年（620年）七月，令李世民率领八万军队进攻王世充，每次战役秦叔宝都充当先锋。鉴于洛阳城城防坚固，李世民决定扫清外围，拔掉洛阳城外王世充军的各个据点。武德四年（621年）正月，屈突通、窦轨巡营时与王世充军遭遇，交战失利，连连告急，李世民亲自带领训练有素的玄甲队驰援他们，斩俘王世充军六千余人，俘虏王世充的骑将葛彦璋，王世充逃回洛阳城，闭门不出。

王世充困守孤城，弹尽粮绝，只得向窦建德求援，窦建德不是等闲之辈，当然明白唇亡齿寒的道理，他决定联合王世充共同对抗唐军。武德四年（621年）三月，夏王窦建德亲率十余万大军驰援洛阳，很快推进到东原一带（今河南省荥阳东北广武山），李世民采纳郭孝恪等人的建议，继续用重兵围困洛阳城，自己亲率精锐步骑三千五百人抢占虎牢（今河南省荥阳西北汜水镇西），阻止窦建德军西进。五月初二，决战打响了，秦叔宝横枪跃马，从敌军正面一直杀到敌军背面，他手持唐军军旗，又从敌军背面杀到敌军正面，千军万马之中，纵横驰骋，勇不可当。敌军心生怯意，阵脚大乱，唐军一鼓作气，赢得了虎牢战役的最后胜利，窦建德被迫接受了充当俘虏的命运。唐夏虎牢战役，为数不多的唐军消灭窦建德军十余万人，成为历史上围城打援的著名战例。王世充眼见窦建德军的主力已经溃败，洛阳城不会再有援军，走投无路之中，向唐军弃械投降，中原的主要地区落入唐军的掌控，唐王朝的统一大业初告成功。秦叔宝受赐黄金百斤、帛七千段，因功进封翼国公。

唐高祖武德四年（621年）七月，窦建德在长安遇害，其旧部高雅贤等人共推刘黑闼为首领，起兵反唐，半年之内，尽复窦建德故地，占据了河北大部郡县和河南部分地区，又与突厥狼狈为奸，得到了突厥颉利可汗的支援，一时声势惊人，严重威胁了唐朝在河北的统治。十二月，李世民奉命出征，秦叔宝随行。武德五年（622年）二月，秦叔宝在列人（今河北省肥乡东北）迎击刘黑闼部，又立殊勋，三月，刘黑闼粮草已尽，粮道又被李世民截断，不得不与唐军决一死战。刘黑闼的两万步骑渡过洺水（今河北省曲周县东南），与唐军展开了殊死搏斗，战斗一直从中午持续到黄昏，唐军气势如虹，刘黑闼军拼命顽抗，唐军决开洺水，顿时浊浪滔天，刘黑闼军终于士气崩溃，被唐军斩首一万余级，数千人淹死在洺水当中。刘黑闼带着两百骑兵仓皇逃走，后来也避免不了被人出卖、斩首示众的命运。沦陷州县光复了，秦叔宝再受重赏，前后受赐的金帛数以千万计。

在跟随李世民的征战中，每逢敌人的骁将锐卒在阵前挑衅，李世民总让秦叔宝去拿下他们，秦叔宝提枪跃马而去，“必刺之万众之中，人马辟易”，堪称英雄盖世的万人敌，李世民对秦叔宝更加器重，秦叔宝也以此颇为自负。

李世民战必胜、攻必克，在李唐统一战争中居功至伟，让皇太子李建成和齐王李元吉十分嫉恨，李建成感到自己的皇储地位受到严重威胁，千方百计想要除掉李世民。突厥进犯中原，李元吉代替李世民做了主帅，他请求将尉迟敬德、秦叔宝等强将精兵调到自己帐下，想等李世民成为光杆司令后再予以加害。形势紧迫，秦王府将士一致要求李世民马上动手，先发制人，秦叔宝也坚定地站在李世民这一边，愿意与他同生共死。武德九年（626年）六月四日，玄武门事变爆发了，李世民诛杀了皇太子李建成和齐王李元吉，夺取了皇储之位，不久，唐高祖李渊退位为太上皇，李世民即位为唐太宗。秦叔宝拜左武卫大将军，得封邑七百户。

自此，秦叔宝没有再领兵出征，多年以来缠绵病榻，身体十分虚弱，他曾对别人言道："我从少年时代起就戎马倥偬，经历过大小二百多次战斗，屡次身受重伤，计量我前后流出的鲜血，总有几斛之多，怎能不生病呢？"贞观十二年（638年），秦叔宝因病去世，追赠徐州都督，陪葬昭陵，墓前雕刻石人、石马，以彰显其显赫的战功和超人的武功，贞观十三年（639年），唐太宗改封秦叔宝为护国公。

## 虎狼相合，知节君集

据史书记载，程咬金"少骁勇，善用马槊"。隋朝末年，隋炀帝杨广统治残暴，骄奢荒淫，连年大兴土木，不断对外用兵，繁重的徭役、兵役使得田地荒芜，民不聊生，最终爆发了大规模的农民起义。起义后，义军相继发展到百余支之多，每支义军少则数百人多至十余万人，但规模都不是很大，同时也没有政治目标，基本上是流动作战，四处抢掠。程咬金为此聚集乡里豪杰共保乡里，以备义军。

经过七个年头战争磨炼，农民起义军由小到大、由弱变强，逐渐克服地域观念，散而复聚，走向联合。至大业十三年（617年）左右，在全国范围内形成了三支强有力的起义军，即翟让、李密领导的瓦岗军，窦建德、刘黑闼领导的河北义军和杜伏威、辅公柘领导的江淮义军。此时，程咬金这种地方的自保势力已经无法维持下去，最后投奔了瓦岗军李密部。瓦岗军原为东郡韦城（今河南省浚县东南）人翟让所创，曾多次粉碎隋王朝的进剿。大业十二年（616年），曾参加杨玄感起兵的隋贵族后裔李密来到瓦岗寨，李密长于谋略，使瓦岗军取得了一系列胜利，翟让遂主动推李密为主，上其号魏公。李密掌握大权之后，政治野心逐日暴露。为保住个人独揽大权，他拉拢程咬金、秦叔宝等新归附的人，以二人为“内军”骠骑。“内军”是李密从军中挑选的八千个“勇士尤异者”，隶属四位骠骑将，又分为左右两队，主要任务是保护李密。李密对内军十分满意，常说：“此八千人可当百万。”此后程咬金改名为程知节．大业十三年（617年）十月，正在瓦岗军新老势力矛盾逐渐尖锐化之际，李密抢先下毒手，设计斩杀了翟让，独掌大权。

唐武德元年（618年）九月，隋洛阳守将王世充挑选精锐兵马两万余人，马两千余匹，屯兵通济渠（今河南省孟县境内）南，在渠上架起三座桥，以便与瓦岗军决战。李密在邙山南麓摆阵迎战王世充，程知节领内马军，与李密安营在北邙山（今河南省洛阳市北）上，单雄信则领外马军，安营在偃师城（今河南省偃师东）北。王世充部队到达后，立即派出数百骑兵攻打单雄信。李密遂派程知节和裴行俨前去支援。裴行俨率先冲向敌阵，结果中流矢坠马。程知节前去营救，立杀数人，王世充军稍退，他趁机抱起裴行俨撤退。由于载了两个人，程知节的战马负担过重，被王世充军追上。程知节不忍将裴行俨丢下，结果被一槊刺中，“刺槊洞过”，程知节回身折断其槊，将执槊之敌斩于马下，王世充军不敢追赶，二人这才返回本军。此战，由于李密指挥不利，瓦岗军包括程知节和裴行俨在内，共十余员骁将遭受重创，实力大损。不久，李密战败降唐，瓦岗义军失败。

瓦岗军失败后，程知节和许多将领因走投无路，而降于王世充。王世充得到程知节后，接遇甚厚。虽然如此，但是二人皆不满王世充多诈。程知节曾对秦叔宝说：“世充器度浅狭，而多妄语，好为咒誓，乃巫师老妪耳，岂是拨乱主乎？”秦叔宝亦有同感，于是两人开始找机会离开王世充。

武德二年（619年）闰二月十九日，王世充率部进犯唐朝谷州（今河南省），王世充任命程知节为将军，还任命秦叔宝为龙骧大将军。王世充与唐军交战于九曲（今河南省宜阳西北）。程知节、秦叔宝、刘黑闼、牛进达等都带兵上阵，率几十个亲信骑马向西跑了一百来步，然后下马向王世充行礼，说道：“荷公接待，极欲报恩。公性猜贰，傍多扇惑，非仆托身之所，今谨奉辞。”随即投奔唐军。王世充慑于二人的威名，不敢追逼。

二人归唐后，唐高祖李渊让他们跟随秦王李世民。李世民久闻二人之名，十分尊重他们，任命程知节为秦王府左三统军，秦叔宝则为马军总管。同李密一样，李世民也在全军中挑选了千余精锐骑兵，皆着黑衣黑甲，分左右队，由程知节、秦叔宝、尉迟敬德、翟长孙等骁将统领，号称玄甲队。每次冲锋陷阵，李世民都披上黑甲亲率玄甲队作为先锋，伺机进击，所向披靡，敌人畏惧。从此，程知节在李世民手下作战，随李世民破宋金刚、窦建德、王世充，又任左一马军总管，每次作战都奋勇争先，因功封为宿国公。

贞观中，程知节历任泸州（今四川省泸州市）都督，左领军大将军。与长孙无忌等人世袭刺史，改封卢国公，授普州刺史。

贞观十七年（643年）二月二十八日，唐太宗命人画二十四功臣图于凌烟阁，皆真人大小，程知节名列其中，位于第十九名。

同年，程知节转任左屯卫大将军，检校宫城北门驻军，加封为镇军大将军。

唐高宗永徽六年（655年），程知节迁左卫大将军。同年五月十四日，程知节授为葱山道行军大总管，讨伐西突厥沙钵罗可汗。

显庆元年（656年）正月，唐高宗至玄武门，为程知节饯行。八月初九，程知节进讨西突厥，在榆慕谷（今北疆）大败歌逻禄、处月二部，斩首千余级。副总管周智度进攻突骑施、处木昆等部，攻下咽城，斩首三万级。

十二月，程知节引军至鹰娑川（即今新疆焉耆都开河上游）遇西突厥两万骑，别部鼠尼施等两万骑余骑继至。前军总管苏定方率五百精骑冲乱其阵脚，西突厥大败。唐军追击二十余里，斩俘一千五百余人，缴获军资、马匹漫山遍野，不计其数。此时本应乘胜追击，但副大总管王文度嫉妒苏定方的战功，对程知节说："虽云破贼，官军亦有死伤，盖决成败法耳，何为此事？自今正可结为方阵，辎重并纳腹中，四面布队，人马被甲，贼来即战，自保万全。无为轻脱，致有伤损。"又假传旨意，说程知节"恃勇轻敌，委文度为之节制"。程知节遂停止了追击，未能取得更大的战果。

唐军由于连日征战，士卒终日跨马披甲结阵，不胜疲顿，战马也多瘦死，军无斗志。苏定方对程知节说："本来讨贼，今乃自守，马饿兵疲，逢贼即败。怯懦如此，何功可立！又公为大将，阃外之事，不许自专，别遣军副，专其号令，理必不然。须囚縶文度，飞表奏之。"但程知节没有听从。

唐军进抵怛笃城（今哈萨克东南），数千胡人归附。王文度认为："比我兵回，彼还做贼，不如尽杀，取其资财。"但苏定方反对道："如此，自做贼耳，何成伐叛？"程知节受王文度的蛊惑，不顾苏定方的反对，下令屠城，抢掠城中的财物而去。全军只有苏定方一人一无所取。回京后，王文度谎言被拆穿，按罪当斩，靠贿赂才得以免官为民，程知节也因指挥不利而被免官为民。

不久，唐高宗念及旧功，又授予程知节为岐州（今陕西省凤翔）刺史。程知节以年事已高，请求退休，唐高宗允准。

麟德二年（665年），程知节病逝。朝廷追赠骠骑大将军、益州大都督，陪葬昭陵。其子程处默，袭卢国公爵；程处亮，以功臣之子娶唐太宗女清河公主，授驸马都尉、左卫中郎将；少子程处弼，官至右金吾将军。

侯君集自幼"性矫饰，好矜夸，玩弓矢而不能成其艺，乃以武勇自称”。很早就成为秦王李世民的幕府，多次随军出征，历任左虞侯、车骑将军，封全椒县子。此后渐受恩遇，参预谋议。

由于侯君集是玄武门事变的主要策划者之一，立有大功，所以李世民对其进行了重赏。武德九年（626年）七月初七，任命侯君集（时任左卫副率）为左卫将军。八月初八，李渊退位；初九，李世民即皇帝位，是为唐太宗。九月，又封侯君集为潞国公。十月，唐太宗大封功臣，再赐封侯君集食邑一千户。贞观四年（630年）十一月，侯君集又任兵部尚书，参议朝政。

自唐朝建国后，吐谷浑军多次袭扰唐西北边境。贞观八年（634年），吐谷浑伏允可汗依其臣天柱王之谋，进袭唐廓（今青海省化隆西南）、兰州，使唐通往西域的咽喉河西走廊受到威胁。六月，唐遣左骁卫大将军段志玄率军反击，追至青海湖后班师。十一月十九日，吐谷浑再次寇扰凉州（今甘肃省武威）。唐太宗大为震怒，下决心大举征伐吐谷浑。十二月初三，起用已致仕的右仆射李靖为西海道行军大总管，以侯君集为积石道行军总管，礼部尚书任城郡王为鄯善道行军总李道宗，同时出征的还有凉州都督且末道行军总管李大亮、岷州都督赤水道行军总管李道彦、利州刺史盐泽道行军总管高甑生和归唐的东突厥契苾何力等军。

贞观九年（635年）三月，侯君集师次鄯州（今青海省乐都）。闰四月初八，李道宗在库山（今青海省湖东南）击败吐谷浑军。伏允烧尽野草，轻兵入碛。唐军诸将认为，“马无草，疲瘦，未可深入”。唯独侯君集认为：“不然。者段志玄军还，才及鄯州，虏已至其城下。盖虏犹完实，众为之用故也。今一败之后，鼠逃鸟散，斥候亦绝，君臣携离，父子相失，取之易于拾芥，此而不乘，后必悔之。”李靖采纳了侯君集的意见，分兵两路追击，自率李大亮、薛万均等部由北路切断其通往祁连山的退路，并迂回至伏俟城；侯君集、李道宗等部由南路追截南逃的吐谷浑军。李靖一路进展顺利，二十三日在曼头山（今青海省共和西南一带）、二十八日在牛心堆（今青海省西宁西南），接着又在赤水源（今青海省兴海东南）接连获胜。侯君集和李道宗率南路唐军在杳无人烟地区行军两千余里，途经无水无草的破罗真谷（在今青海省都兰东南一带）时，只能“人龁冰、马瞰雪”，于五月间在乌海（今青海省苦海）追上伏允可汗，大破其众，俘其名王骁将。伏允可汗向西败走，准备渡突伦川（又称图伦碛，今新疆塔克拉玛干沙漠），投奔于阗。李靖部将契苾何力闻讯，率骁骑追上伏允可汗，伏允可汗侥幸脱逃，五月，在走投无路的绝境中自缢身亡。南路唐军继续进逾星宿川（今青海省黄河上源星宿海），至柏海（今青海省鄂陵湖或扎陵湖）与李靖军胜利会师。伏允之子大宁王慕容顺斩天柱王，率部归唐，被封为甘豆可汗、西平郡王，吐谷浑成为唐朝属国，唐西北边境从此得到安定。此战，唐军采用侯君集提出的分进合击，穷追猛打等战法击败吐谷浑军，是战争胜利的根本原因。

吐谷浑甘豆可汗长时间在唐朝做人质，国内百姓皆不归附，竟被部下人杀死。其子燕王诺曷钵立为可汗。诺曷钵年幼，大臣们争权夺势，国内一片混乱。十二月，唐太宗诏令侯君集等领兵援助；并事先派使者宣谕劝解，如有不遵从诏令的，相机予以讨伐。此后，内乱遂平。

贞观十一年（637年），侯君集与长孙无忌等俱受世封，授君集陈州刺史，改封陈国公。

贞观十二年（638年），侯君集拜吏部尚书，进位光禄大夫。侯君集行伍出身，从未学文，担任吏部尚书后，开始认真读书，“典选举，定考课，出为将领，入参朝政，并有时誉”。

西域高昌国（都高昌城，今新疆吐鲁番东南高昌旧址）王麴文泰早在贞观四年就曾亲自到长安觐见唐太宗，贡献方物。后麴文泰依附西突厥，阻遏西域各国通过其境向唐入贡，并发兵袭扰内附的伊吾（都今新疆哈密）、焉耆（都员渠，今新疆焉耆西南）等国。由于高昌位于唐王朝通往西域各国的交通要道，地理位置重要，故唐太宗决心除掉这个障碍。贞观十三年（639年），唐太宗征召麴文泰入朝，麴文泰称疾不至。十二月初四，唐太宗诏令侯君集为交河道行军大总管，左屯卫大将军薛万均为副总管，率步骑数万及突厥、契苾之众征讨高昌。

贞观十四年（640年）八月，麴文泰闻唐廷已起兵，遂对国人说：“唐国去此七千里，涉碛阔二千里，地无水草，冬风冻寒，夏风如焚。风之所吹，行人多死，当行百人不能得至，安能致大军乎？若顿兵于吾城下，二十日食必尽，自然鱼溃，乃接而虏之，何足忧也！”及唐军在熟悉当地地形的契苾何力引领下抵达碛口（今新疆轮台地区）时，麴文泰忧惧而死，其子麴智盛即位。

侯君集率兵进至柳谷（今新疆吐鲁番西北）时，探马禀报说麴文泰近日即将安葬，高昌国内人士都聚集在葬地。诸将闻听此报，请求趁机进行突袭。侯君集则认为：“不可，天子以高昌骄慢无礼，使吾恭行天罚，今袭人于墟墓之间，非问罪之师也。”于是擂鼓进军，进抵田地城（今新

疆鄯善西南鲁克沁）。高昌固城自守，侯君集下书谕之，高昌守军也不回应，侯君集遂于清晨发动进攻。在出征前，唐太宗深知在远离中原作战，既无援军，又无后勤保障，所以必须速战速决，为此唐太宗征集了一些善于制造攻城器械的工匠从军。“君集遂刊木填隍，推撞车撞其睥睨，数丈颓穴，抛车石击其城中，其所当者无不糜碎，或张毡被，用障抛石，城上守陴者不复得立”。到了中午时便攻下田地城，俘男女七千余人。

侯君集随即命中郎将辛獠儿为前锋，于当夜直趋高昌城。麴智盛率军迎战，被击败后退保都城。唐军主力继至，直抵其城下。麴智盛走投无路，便给君集来信说：“有罪于天子者，先王也。天罚所加，身已丧背。智盛袭位未几，不知所以愆阙，冀尚书哀怜。”侯君集答复道：“若能悔祸，宜束手军门。”但麴智盛仍坚守不出，侯君集遂命将士填堑攻城，又造高5丈可以俯瞰城内的巢车，对城内动静了如指掌。城内行人走动以及飞石所中目标，在巢车上的人都大声告知唐军，以致高昌人皆在屋中躲避飞石。奉命前来救援高昌的西突厥军畏惧唐军威势，也在可汗浮图城（今新疆吉木萨尔北破城子）投降。麴智盛见大势已去，被迫于八月初八开门出城投降。侯君集继续分兵略地，共攻下3郡、5县、22城，得户8046家、人口3.77万人、马4300匹，占地东西800里，南北500里。唐在其地置西州，在可汗浮图城置庭州。二十一日，又置安西都护府于交河城（今新疆吐鲁番西北雅尔湖村附近），留兵镇守，而后刻石纪功而还。此战，唐打通了去西域各国的通道，促进了和西方诸国的联系，同时也起到遏制西突厥的作用。

侯君集征讨高昌时，曾派人约焉耆（今新疆焉耆西南）合围高昌，焉耆国表示愿意听命。待到攻克高昌后，焉耆王到唐朝军队营地拜见侯君集，并请求归还曾经被高昌夺去的三座城池，侯君集禀报朝廷后，将三城连同高昌所掠的焉耆百姓如数归还，从而保持了两国之间的良好关系。

九月，侯君集带高昌王智盛及其贵族大臣还朝。至此，唐朝疆域“东极于海，西至焉耆，南尽林邑，北抵大漠，皆为州县，凡东西九千五百一十里，南北一万九百一十八里”。

十二月初五，侯君集将高昌俘虏带到观德殿。唐太宗非常高兴，在朝中大摆宴席，三日才散。

侯君集灭高昌国时，由于没有奏请朝廷便自作主张委任官员，同时还私自掠夺大量的珍奇宝物、妇女，手下将士知道后，竞相偷盗，侯君集恐其事被发，不敢制止。此时有司以此事对其进行弹劾，唐太宗遂下诏将侯君集等人拿入狱中，中书侍郎岑文本认为功臣大将不可轻加屈辱，便上疏道：“君集等或位居辅佐，或职惟爪牙，并蒙拔擢，受将帅之任，不能正身奉法，以报陛下之恩。举措肆情，罪负盈积，实宜绳之刑典，以肃朝伦。但高昌昏迷，人神共弃，在朝议者，以其地在遐荒，咸欲置之度外。唯陛下运独见之明，授决胜之略，君集等奉行圣算，遂得指期平殄。若论事实，并是陛下之功，君集等有道路之劳，未足称其勋力。而陛下天德弗宰，乃推功于将帅。露布初至，便降大恩，从征之人，皆沾涤荡。及其凯旋，特蒙曲宴，又对万国，加之重赏。内外文武，咸欣陛下赏不逾时。而不经旬日，并付大理，虽乃君集等自挂网罗，而在朝之人未知所犯，恐海内又疑陛下唯录其过，似遗其功。臣以下才，谬参近职，既有所见，不敢默然。臣闻古之人君，出师命将，克敌则获重赏，不克则受严刑。是以赏其有功也，虽贪残淫纵，必蒙青紫之宠；当其有罪也，虽勤躬洁己，不免鈇钺之诛。

“故《周书》曰：‘记人之功，忘人之过，宜为君者也。’昔汉贰师将军李广利损五万之师，糜亿万之费，经四年之劳，唯获骏马三十匹。虽斩宛王之首，而贪不爱卒，罪恶甚多。武帝为万里征伐，不录其过，遂封广利海西侯，食邑八千户。又校尉陈汤矫诏兴师，虽斩郅支单于，而汤素贪盗，所收康居财物，事多不法，为司隶所系。汤乃上疏曰：‘与吏士共诛郅支，幸得擒灭。今司隶乃收系案验，是为郅支报仇也。’元帝赦其罪，封汤关内侯，赐黄金百斤。又晋龙骧将军王浚有平吴之功，而王浑等论浚违诏，不受节度，军人得孙皓宝物，并烧皓宫及船。浚上表曰：‘今年平吴，诚为大庆，于臣之身，更为咎累。’武帝赦而不推，拜辅国大将军，封襄阳侯，赐绢万匹。近隋新义郡公韩擒虎平陈之日，纵士卒暴乱叔宝宫内，文帝亦不问罪，虽不进爵，拜擒虎上柱国，赐物八千段。由斯观之，将帅之臣，廉慎者寡，贪求者众，是以黄石公《军势》曰：‘使智，使勇，使贪，使愚。故智者乐立其功，勇者好行其志，贪者邀趋其利，愚者不计其死。’是知前圣莫不收人之长，弃人之短，良为此也。臣又闻，夫天地之道，以覆载为先；帝王之德，以含弘为美。夫以区区汉武及历代诸帝，犹能宥广利等，况陛下天纵神武，振宏图以定六合，岂独正兹刑网，不行古人之事哉！伏惟圣怀，当自己有斟酌。臣今所以陈闻，非敢私君集等，庶以萤爝末光，增晖日月。倘陛下降雨露之泽，收雷电之威，录其微劳，忘其大过，使君集重升朝列，复预驱驰，虽非清贞之臣，犹是贪愚之将。斯则陛下圣德，虽屈法而德弥显；君集等愆过，虽蒙宥而过更

彰。足使立功之士，因兹而皆劝；负罪之将，由斯而改节矣。”（《旧唐书·侯君集列传》）

文中岑文本列举了几位名将的事迹，唐太宗看过之后，觉得岑文本言之有理，便开释了侯君集等人。侯君集本以为两番出征西域，战功卓著，应受嘉奖，结果却因贪污而被下狱，因此心中不平，虽然后来被释放，但心情郁闷，怏怏不乐，渐有反叛之心。

贞观十七年（643年）二月十二日，功臣张亮由原职太子詹事被调出朝廷，任洛州（今河南省洛阳市东北）都督。侯君集认为是受到了排挤，遂用言语相激道：“何为见排？”张亮回答说：“是公见排，更欲谁冤！”侯君集又说道：“我平一国，还触天子大嗔，何能抑排！”因而挽起袖子说道：“郁郁不可活，公能反乎？当与公反耳。”张亮马上将此事密报给唐太宗，唐太宗对张亮说：“卿与君集俱是功臣，君集独以语卿，无人闻见，若以属吏，君集必言无此。两人相证，事未可知。”唐太宗便将此事压下。

其实唐太宗对侯君集谋反之事早有察觉，起初，唐太宗让李靖教授侯君集兵法，侯君集对唐太宗说：“靖且反，兵之隐微，不以示臣。”唐太宗又问李靖，李靖说：“方中原无事，臣之所教，足以制四夷，而求尽臣术，此君集欲反耳。”

后在平定高昌的庆功宴上，江夏王李道宗也曾对唐太宗说：“君集智小言大，举止不伦，以臣观之，必为戎首。”唐太宗问道：“何以知之？”李道宗回答：“见其恃有微功，深怀矜伐，耻在房玄龄、李靖之下。虽为吏部尚书，未满其志，非毁时贤，常有不平之语。”唐太宗说：

“不可亿度，浪生猜贰。其功勋才用，无所不堪，朕岂惜重位？第未到耳。”对待侯君集应是一如既往。

二月二十八日，唐太宗命人画二十四功臣图于凌烟阁，皆真人大小，侯君集名列其中，位于第十七名。

时太子李承乾屡有过失，担心被废。李承乾得知东宫府千牛贺兰楚石为侯君集的女婿，又知侯君集对唐太宗一直有积怨，便多次让贺兰楚石带侯君集到东宫，向他询问自保之策，侯君集认为太子愚昧低能，便想趁机利用他，于是劝李承乾谋反，参与了李承乾的谋反集团。侯君集曾举起手来对太子说：“此好手，当为用之。”此外还派遣贺兰楚石对李承乾说：“魏王得爱，陛下若有诏召，愿毋轻入。”李承乾非常赞同此言，用重礼贿赂侯君集以及左屯卫中郎将李安俨，让他们刺探唐太宗的心思，一有动静便告诉他。

侯君集自从参与此事后，为此事焦虑不安，常在睡梦中突然跳起来，长时间地唉声叹气。其妻感到奇怪，便对他说：“公，国之大臣，何为乃尔？必当有故。若有不善之事，孤负国家，宜自归罪，首领可全。”但侯君集此时已是箭在弦上，不得不发了。

四月初一，李承乾的行动被人告发，侯君集被下狱，此时贺兰楚石又告发他谋反的事。唐太宗召见侯君集道：“我不欲令刀笔吏辱公，故自鞫验耳。”侯君集起初不认罪。唐太宗便召见贺兰楚石详细陈述始末原委，又拿出与李承乾来往的书信启给他看，侯君集理屈词穷，只得服罪。侯君集依律当满门抄斩，但侯君集在战争年代战功卓著，一直是唐太宗的心腹大臣，所以唐太宗不想杀侯君集，便对文武百官求情道：“往者家国未安，君集实展其力，不忍置之于法。我将乞其性命，公卿其许我乎？”但大臣们都认为：“君集之罪，天地所不容，请诛之以明大法。”唐太宗只好对侯君集道：“与公长诀矣，而今而后，但见公遗像耳！”说罢，潸然泪下，侯君集也磕头表示服罪。

四月初六，侯君集因谋反被杀，并没收了他所有的家产。临刑前，侯君集从容不迫，对监斩官道：“君集岂反者乎，蹉跌至此！然尝为将，破灭二国，颇有微功。为言于陛下，乞令一子以守祭祀。”唐太宗闻之，特意开恩，留下了他的妻子和一个儿子，将他们迁到岭南（今广东省钦山港）。

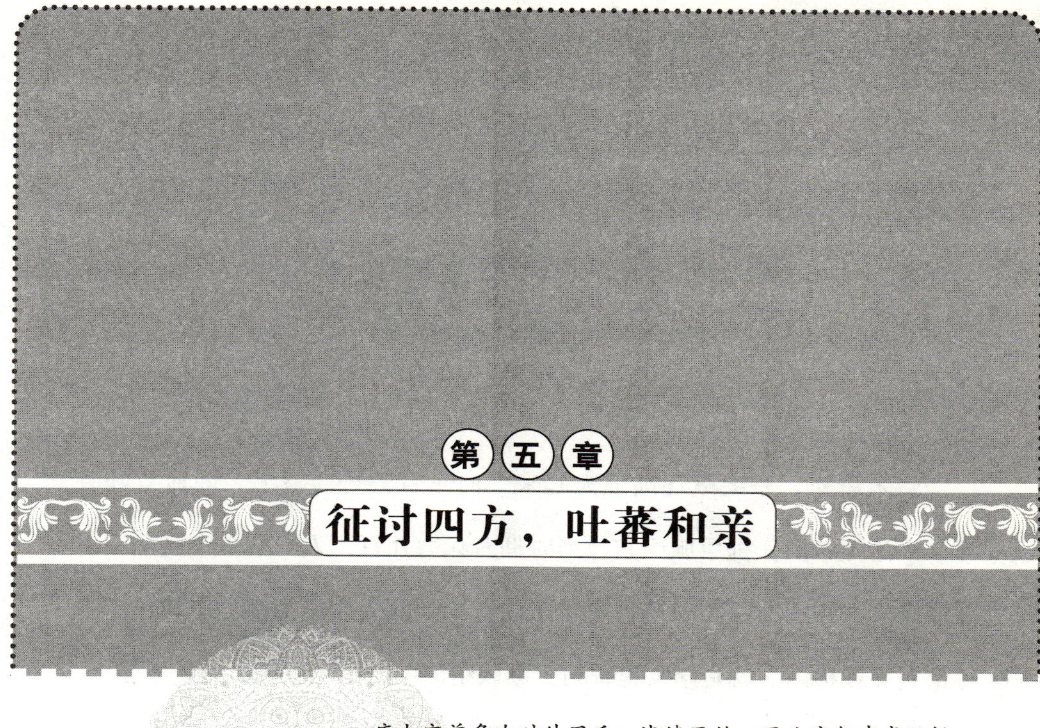

# 第五章 征讨四方，吐蕃和亲

唐太宗曾多次对外用兵，战绩显赫，因此唐朝声威远播，四方宾服，西北各族共尊唐太宗为天可汗，至此国家得以步入安康之世。

## 突厥内乱，不战而和

隋末唐初，东突厥逐渐强大起来，向东自契丹、室韦，向西有吐谷浑、高昌等各国，都臣服于它，当时拥有兵力几百万人。在东突厥达到了前所未有的强盛时，当时割据称雄于北方的刘武周、梁师都、李轨、薛举等都向突厥称臣，就是李密也曾与突厥联络。

早在太原起兵时，李渊就向东突厥始毕可汗称臣，占领关中一带并称帝建立唐朝后，每年给东突厥朝贡，礼品财银数不胜数。但始毕可汗越来越蛮横无理，目中无人，每派使者到长安，态度傲慢，不可一世。唐高祖李渊考虑稳定关中和平定中原是大唐当时主要任务，只好百般讨好，忍气吞声，恣其所为。

武德元年（618年）九月，李渊派郑元璹、李琛给始毕可汗送去歌妓美女。十月，始毕可汗让骨吐禄特勒来唐，李渊设宴款待，百般讨好。但东突厥的贵族贪得无厌，特别是他们竭力要保持中原分裂状态，想要渔翁得利，因此同时支持中原各支政治势力，使其互相厮杀、割据。武德二年（619年）闰二月，始毕可汗率军渡过黄河到达夏州，并迅速占领了那里，与在夏州的梁师都发兵相会，企图南下掳掠唐地。同时，为了支援刘武周，始毕可汗还派五百骑兵协助割据马邑的刘武周，自句注进攻唐朝太原（今山西省太原市南）重地。不料始毕可汗突然死亡，此举未能成功。

始毕可汗死后，子什钵苾年幼，其弟俟利佛设为处罗可汉，仍娶隋朝义成公主为妻。处罗可汗以什钵苾为泥步设（“设”是别部领兵的官称），后升为小可汗，名突利可汗，领一支部众在幽州一带安营，统领东突厥东部区域。

李渊为人机警，先是听说始毕可汗南下的军情，于是派高静持厚礼出使东突厥，以观其变。等到高静到达丰州，李渊已经知道始毕可汗已死，就下令高静将其携带的供品财宝收藏在本州府库，然后怀侥幸心理不再想进贡了。处罗可汗见唐高祖李渊如此不敬，大怒，立即大举入侵。见情况不好，丰州总管张长逊连忙叫高静带原来的厚礼出塞纳贡，处罗可汗才消除怒气，收兵而归。然而，处罗可汗仍延续奉行阻挠任何一姓统一中原的方针。四月，处罗可汗派军支持刘武周进军黄蛇岭，对太原形成威胁。而六月，他又派使者来唐正式通知始毕可汗去世。李渊不敢妄动，举行隆重的仪式：亲自在长安门服丧，并三日不上早朝以示哀悼，又下令文武百官到使馆里吊丧，派郑德前往突厥祭拜，并带去三万段绢帛作为赙礼。李渊纳贡孝敬的这种表现，暂时博取了处罗可汗的欢心，李世民讨伐刘武周，处罗可汗派人率两千骑兵相助。

与此同时，另一割据势力梁师都也得到了处罗可汗的支持。梁师都曾任隋鹰扬郎将，世代为本郡豪族。大业十三年（617年）二月，据郡投靠东突厥，同共反隋。后攻占弘化、雕阴、延安等郡，自称皇帝，国号为梁，年号永隆，大度毗伽可汗的封号由始毕可汗加赐，他经常勾结东突厥南下掳掠。李氏建立唐朝后，梁师都也曾连接割据陇右的薛举与唐为敌。

武德二年（619年）八月，梁师都与东突厥相互勾结，合数千兵马进军延州，唐朝将领段德所率兵将不是很多，又不甚精，打不过，于是守住本垒不战，用来消耗敌军气力。双方相持不下，九月，梁师都军营稍稍松懈下来，段德抓住这个良机，将其击溃。但梁师都不甘心失败，于武德三年（620年）七月，又引来东突厥兵报复，仍被段德战败。九月，梁州受东突厥莫贺德设的进攻，唐将杨仁恭战败，东突厥掳掠居民男女数千人而去。

十一月，眼看割据一方的群雄薛举、刘武周等都被唐消灭，连自己手下将领张举、刘旻都因害怕唐朝的威名而投降于唐朝。梁师都深感形势对自己不利，于是派陆素览前往劝说处罗可汗道："往昔中原丧乱，分为数国，势力柔弱，所以纷纷归附东突厥，纳贡称臣。如今连定扬可汗刘武周也被唐灭掉了，唐朝即将一统天下。那时臣家破人亡倒不足惜，恐也会危及大王。不如乘唐朝还没强大，正处在襁褓之中，您南下进攻中原称帝，我愿为你做向导，为你效力，无所怨言。"处罗可汗觉得言之有理，于是谋划兵分四路，准备调大军进中原。

处罗可汗虽制订好入主中原的庞大计划，但尚未出师却猝然身亡。义成公主嫌处罗可汗的儿子奥射设又丑又无能力，改立处罗可汗的弟弟莫贺咄设，号颉利可汗。颉利是启民可汗第三子，名咄苾，初号莫贺咄设，把牙帐建在五原的北面。

颉利可汗即位后，便娶隋义成公主为妻，随后派使者入唐报丧。李渊隆重吊祭，礼仪完全像始毕可汗丧时。颉利可汗继承父亲和兄长的产业后，随着势力、兵马的强盛，野心也大了起来，想一统中原。因此，尽管李渊像以前那样仍忍辱纳贡，但颉利可汗欲壑难填，言辞骄横，索取无厌，比他的兄长始毕、处罗还要甚，甚至有时还派兵侵略骚扰中原。

武德四年（621年）四月，关中的统治被唐稳定下来，平定东都、河朔的战役也接近尾声，于是开始改变屈辱纳贡的政策，双方战争随之频频不断。十二日，颉利可汗率万余骑兵进攻雁门，被唐将李大亮击退。二十二日，突厥又攻并州。五月，突厥兵又大肆骚扰唐朝边境，唐高祖李渊命令李叔良率兵反击，不幸的是李叔良在激战中身亡。八月，突厥进攻代州，王孝基被唐将李大恩派去抵御，但全军覆灭。突厥乘胜进围崞县，李大恩死守城池，突厥围困月余才撤离。九月，并州受到一路突厥兵的攻打，李渊令窦琮等进击，另一路突厥军攻原州，唐将尉迟敬德率兵抗拒。

十一月，割据渔阳一带的高开道与突厥狼狈为奸，频繁南下掳掠，定、恒、幽、易等州的老百姓无不遭受摧残。

高开道本是沧州阳信人，小的时候以煮盐为生，勇力过人，跑似奔马。大业末年他参加反隋，后来攻占渔阳作为都城，自称燕王，国号燕，割据一方，设置百官，因与突厥为邻，于是便投靠突厥作为靠山。

武德五年（622年），崛起山东的刘黑闼与唐王朝再次展开鏖战。李渊为了牵制刘黑闼和加强同东突厥的关系，三月，他以和亲的方式拉拢颉利，而且派使者以厚礼重金相贿。颉利可汗表面也作出交好的姿态，将原先扣留的唐使郑元璹、李瓌、长孙顺德放送，还派使者回访唐廷。先前扣留的突厥使者特勒热寒、阿史那等也被释放送还。但是，颉利可汗表面上与唐交好，其实心中却另有一番打算，他一面虚应李渊，另一面和高开道、苑君璋等人联手进攻雁门。由于唐派刘世让死守城池，颉利可汗毫无办法，只好攻城数月后不克而退。

苑君璋原是刘武周部将，在刘武周兵败降东突厥被杀后，突厥让他统领刘武周余部，以恒安为据点，居于突厥卵翼之下，进行割据。

四月，东突厥杀死唐代州总管李大恩。原来，李大恩曾趁东突厥饥荒之机，趁机夺取马邑（今山西省朔州市）。李渊随即令李大恩与独孤晟全力攻打苑君璋，并在二月会师于马邑。但独孤晟失期未到，李大恩孤军不能独进，只得在蕲城屯兵。颉利可汗得到军报，派数万精骑和刚被李世民战败投奔自己的刘黑闼合围李大恩。将领李高迁被李渊派去相救，但援军迟迟未到，李大恩军粮已尽，被迫夜间突围。东突厥派精兵千骑在途中阻击，李大恩不敌阵亡，唐军死伤无数。

五月，唐忻州受到东突厥进攻，被李高迁击退。六月，东突厥出兵支持刘黑闼进攻河北，大兵逼近定州。八月初六，颉利可汗进犯边境，李渊令将军段德操、郭子和率兵抵御。初七，颉利十五万骑兵入雁门，初十攻并州，另派西路军进攻原州。军情紧急，李渊令太子李建成出豳州援原州，命令李世民返回泰州支援并州，当时李世民刚从山东攻打徐圆朗班师回朝。同时，令郭子和直插云中（今山西省大同市），待颉利回师时进行掩击，段德操准备在夏州等待时机攻打西路的东突厥。

南下的突厥兵受阻后，颉利可汗便派使者来唐谈和亲交好。十二日，李渊召集群臣商讨对策。郑元璹等多数人认为战则怨深，不如先和。但封德彝认为："东突厥恃兵强马壮，蔑视我大唐王朝的实力，如果现在不战而和，岂不是示弱？那么突厥明年一定会再来掳掠，和终究不是办法。如果集结大军，全力出击，胜后而和，则恩威并著。"李渊采纳了他的建议。二十日，并州大总管李神符破东突厥于汾东，汾州刺史萧觊也取得胜利，杀死五千多名敌兵。

颉利可汗并没因局部受挫撤退，他调集数十万名的精锐骑兵驻满了自介休（今属山西省）至晋州数百里间的山谷平原。二十七日，廉州受到攻打，二十九日，东突厥西路军攻陷大震关，长安告急。颉利可汗攻势凌厉，兵力强大，迫使李渊不得不采取重赂求和的缓兵之计，于是郑元璹被派去向颉利可汗求和。郑元璹道："唐与东突厥，风俗不同，东突厥虽然得到唐地，也无法长久居住。今日战争所获又全入部下私囊，于您何利之有？如果您班师而回，和亲唐朝，那时不劳您远途跋涉，就能得到唐奉送的大量金币，而且又全入您的府库，岂不两全其美？"颉利可汗为利所动，欣然同意，随即长安之围解除。

武德六年（623年）五月，东突厥又支持一些割据豪强反攻唐朝，梁师都部将辛獠儿带领东突厥攻林州，苑君璋部将高满政攻代州，东突厥在高开道的带领下进攻幽州。不料，唐却在六月十四日获取了马邑。马邑是军事重镇，夺取它十分重要。

并州总管刘世让调任广州总管，李渊在他临走时召见并询问加强边防的方略。刘世让道："苑君璋控制了军事重镇马邑，使得东突厥近来能多次深入我国境内。马邑有城有粮，成为东突厥长途行军的中间供养休息基地。如果派勇将把守崞城，多贮金帛，对投降的人给以重赏，同时连续派骑兵到马邑城外掳掠，践踏庄稼，这样不出一年，城中粮尽，必定投降。"李渊听罢，连称妙策，随即命刘世让镇守崞城。他依计而行，马邑军困顿疲惫。马邑人也不愿附庸东突厥，趁此机会李渊又派出使者招降，

高满政劝苑君璋投降唐朝，苑君璋不从，高满政见此，而民心又大向唐朝，便在夜间袭击苑君璋，使之落荒而逃。高满政遂杀苑君璋子及突厥戍兵两百人后举城归唐。苑君璋不肯善罢甘休，二十三日和东突厥吐屯设反攻马邑，但高满政将其击退。此后他受到李渊嘉奖，被任命为朔州总管。

七月开始，唐北部边境受到东突厥的连续攻击。初二，苑君璋逃到东突厥之后，又重整旗鼓，率兵万余又攻马邑。高祖李渊派李高迁协助高满政攻打东突厥，大获全胜。初九，原州受到东突厥进击。十一日，攻朔州，李高迁战败，唐将尉迟敬德忙率兵相救。由于北部边境紧张，十三日，李建成被李渊派去率军屯驻北边，以备攻原州一路之敌。并州由李世民守卫，以抵御攻朔州一路的东突厥。八月初一，真州受到东突厥的攻打，接着马邑告急。二十八日，原州的善和镇被攻陷。九月，东突厥兵又两次进攻幽州。

东突厥还施反间计以配合军事进攻。前面说过苑君璋夺马邑失利，传到颉利可汗耳中，他大怒之下率精兵趁夜袭击了马邑。唐将李高迁很害怕，于是率其部下开城逃走，逃跑途中不想又遇到突厥兵袭击，死伤无数。颉利可汗亲率兵攻马邑，高满政出兵御敌，战斗异常惨烈，李渊令驻守崞城的刘世让前去相救。刘世让率军至松子岭，考虑到东突厥兵强马壮，士气正盛，决定回保崞城。颉利可汗一面派使者到唐请求和亲，另一面又继续进攻。李渊提出要和亲必须首先解除对马邑的包围，颉利可汗不听从，加紧攻城。高满政虽然拼命守城，无奈内乏兵马，外无援军，城内粮米空虚，只好突围到朔州。而部下杜士运认为难以成功，于是将高满政刺杀投降东突厥，苑君璋入城杀高满政亲信三十余人后又退保恒安。随后，东突厥把马邑归唐，接着提出和亲，来使曹般陁还密告唐将刘世让与东突厥勾通，才不回兵救马邑，而且，不久还要叛乱。反间之计起了作用，李渊信以为真，竟派人杀了刘世让。被东突厥视为一大劲敌的大唐名将死在了小人的谗言之下。

武德七年（624年）初，唐稳固了对中原地区的统治，不仅消灭了刘黑闼、徐圆朗，而且也平定了辅公祏，东突厥对此极为害怕。三月攻原州，五月攻朔州，六月攻武周城，七月再攻原州、朔州，又攻陇州（今陕西省陇县）、并州、阴磐。面对东突厥如此强大的攻势，高祖李渊决定放弃长安城，迁都躲避。对于这个决定，太子李建成、齐王李元吉和宰相裴寂都表示赞同，唯有秦王李世民极力劝谏，表示自己将在几年内一定要生擒颉利可汗，如失败再迁都。闰七月，李世民、李元吉被李渊派到豳州抵御东突厥。八月，东突厥对忻州、原州、并州、绥州发动进攻，长安面临大兵紧逼，唐京师紧急戒严。

秦王李世民北进与突厥战于豳州。这时，颉利、突利两可汗倾全国军力攻唐，而唐虽基本完成了统一，但国力尚不足与东突厥抗衡。关中天天下雨，道路阻塞不堪，无法搬运粮食，战士们无不疲劳困苦，加上又缺乏军械，所以唐朝上下都对迎战突厥没有信心。八月十二日，东突厥万余骑兵居高列阵，唐军极为害怕。李世民对李元吉说："现敌军气焰嚣张，我们更应提高士气，你能和我一同出击以耀军威吗？"李元吉惧道："形势如此，不应贸然出击，万一失利，后悔莫及。"李世民说："你如果不敢，我只好自己去迎战了。"于是，留下李元吉压阵观战，李世民亲率精骑驰向敌阵。李世民对颉利可汗讲道："唐朝一向和突厥友好往来，你为什么背信弃义，攻入我的地方？事已至此，可汗若有胆量，我们可单战独斗，一决雌雄。可汗若胆小怕事，只凭人多势众，我也敢以身边一百骑兵和你一决高下。”颉利可汗素知李世民英武多谋，害怕是诱敌之计，因难测唐军虚实，笑而不语。李世民抓住颉利可汗狐疑、不敢贸然进攻之机，又率骑驰向突利可汗道：“你如此不顾兄弟之情，向我攻打，难道忘记了昔日和我结拜发誓互相有难必救吗？”李世民想利用这一计谋离间突利可汗和颉利可汗，而突利可汗正因害怕颉利可汗产生猜疑，也不敢答话。李世民趁机又向前挺进，将渡河沟，接近突利。颉利可汗、突利可汗叔侄间原来已有嫌隙，颉利可汗听到刚才李世民所说曾与突利可汗结为兄弟之事，遂怀疑他们之间真的有盟约，这样对自己将极为不利，心中害怕，就向李世民声称，这次来没有别的意思，只是想加固和唐朝的盟约，说完率兵退出。

李世民虽用计暂缓了危机，但并未转变强弱之势，双方仍在对峙。此后秋雨更甚，李世民随即心生一计，对众将说：“东突厥依仗的锐利武器是弓箭，如今秋雨连绵，弓筋已被淋湿而潮解，已经不能用了，所以敌人就像折了双翅的飞鸟。而我军屋居火食，刀槊犀利，又以逸待劳，此机不趁，更待何时？”遂潜师夜出，冒雨而进，东突厥大吃一惊，与此同时李世民又派人对突利可汗说明利害关系。此后，颉利可汗要战，突利可汗反对。颉利可汗只好派突利可汗和自己的部下阿史那思摩会见李世民，最终双方停战和亲。李世民趁机进一步拉拢突利可汗，两人盟誓义结金兰。李世民在不利的情况下，以智取胜，并离间了颉利、突利两可汗的关系。之后，颉利可汗派使者阿史那思摩到长安，高祖李渊招呼阿史那思摩到榻上一起坐，极为亲热地拉拢他；随后李渊又派裴寂回访了东突厥。然而颉利可汗对唐的既定战略并没有丝毫改变，九月，派兵攻绥州，十月又攻甘州，攻城略地接踵而来。武德八年（625年）四月，唐廷计议大举反击东突厥，并且恢复了十二军的建制，命令窦诞等人为将军，精选训练骑兵。此十二军是武德二年（619年）七月初置，关内众军府由他们管辖。每军将、副各一人，选出能力和声望都极佳的人任高职，亲自督促士兵耕田战斗。这样一来，兵马自然一天强于一天，所向无敌。武德六年（623年）二月刘黑闼、徐圆朗被唐军平定。

六月，罗艺被李渊派去驻扎在华亭县和弹筝峡，姜行本断石岭道作防御之势。但灵州遭进犯，李渊忙派张公瑾为主将，温彦博为副将前往抵御。七月，唐州都督在新城与东突厥交战，唐军失利，李渊急调李高迁屯太谷、张公瑾屯石岭御敌，又令李世民守蒲州（今山西省永济县西），防备突厥突然攻打长安。八月，突厥一路进攻灵州，另一路逾石岭攻打并州城。后又连攻沁、潞、韩三州。李渊令李靖出潞州道，任环屯太行山，此二人负责东突厥防务，保卫中原。但颉利可汗亲率军十余万人大肆掳掠朔州。唐将张公瑾与温彦博在战争中均遭失利，张公瑾在太谷不敌突厥，全军覆灭而逃奔李靖，温彦博被俘不屈而被流放阴山。东突厥获胜后西攻灵州，被灵州都督李道宗击败。不久，颉利可汗派使入唐约和，向北撤兵。

武德九年（626年）二月，原州受突厥进攻，唐派将军杨毛出击。三月，东突厥攻灵州。当时唐臣欧阳胤正在奉命出使东突厥，想要率领五十名部下突袭颉利可汗，不料因机密泄露而被颉利可汗囚禁起来。四月，东突厥连续进攻原州、朔州、泾州。唐将李靖与颉利可汗在灵州峡石激战一整日，才将敌军击退，但颉利可汗又转而进攻西会州（今甘肃省靖远）。五月，秦州、兰州又受到突厥进攻。六月，陇州、渭州也受攻打，李渊令将军柴绍率军出击。七月，柴绍在秦州大败东突厥，打死敌兵千余人。随后东突厥又派使者入唐约和。八月初九，李世民即位，但国内政局仍由于玄武门之变而不稳。这时，梁师都力劝东突厥抓此战机攻唐，于是，颉利可汗、突利两可汗共十余万骑兵冲杀而来，战线拉到泾州、武功，唐京城戒严备战。转眼间，东突厥兵锋直指长安东北七十里的高陵。二十六日，唐猛将尉迟敬德与东突厥在泾阳激战获胜，数千人被斩首，但东突厥的攻势并未被化解。二十八日，颉利可汗率大军进至距长安约五十里的渭水便桥，他在渭水北岸列阵进行军事恫吓，危逼长安，并且派心腹执失思力作为使者到唐刺探虚实。李世民毫无惧色，厉声斥责道："我曾与你可汗面结和亲，多次送金帛、贡品无数。今你家可汗背弃盟约，引兵入寇，不讲信义。你还敢自吹强盛，现我先斩你，再去破敌。"执失思力由于害怕而请求李世民饶恕他，萧瑀、封德彝也请以礼遣回。李世民道："放他回去，东突厥还以为我胆怯，必更加飞扬跋扈，暂且将他囚禁于门下省，等候发落。"

随后，李世民亲出玄武门，仅带房玄龄、高士廉等六骑直至渭水南岸，隔河面对东突厥，高声责备颉利可汗不应弃盟背约，化玉帛为干戈。东突厥看见李世民亲自出门迎战，都暗暗吃惊，这时，唐诸军相继而至，旌甲蔽野。颉利可汗见李世民挺身先出，军队整齐划一，士气旺盛，而探察虚实的执失思力又被扣不回，不知道唐太宗的用兵之法，因此心有顾虑，不敢贸然挥军进攻。唐太宗洞察敌方心理，指挥众军后撤一步，列好阵势，自己单枪匹马地深入敌阵与颉利可汗对话。萧瑀认为这太冒险，拉马力谏。唐太宗道：“这件事朕已经考虑清楚了，东突厥之所以敢全军出动，攻打朕京都，必是以为我国发生了玄武门之变，政局不稳，而朕又新即帝位，不可能出兵御敌。现在要向他们示弱，只守城而不攻打，东突厥定会纵兵大掠，那时将为害不浅。因而朕自己骑马出战，既显示轻视他们，又能增加我军威望，必能胜利，还要趁他们不备打乱敌军计划。何况东突厥孤军深入内地也是顾虑重重，所以我们此战必能胜利．议和也必能成功，想要战胜东突厥，就在此一拼了。”果然不出所料，当日颉利可汗派使谈和，李世民同意，随即回宫。三十日，李世民亲自在渭水桥上，与颉利可汗斩白马盟和。唐赠送大量金帛给东突厥之后，突厥引兵撤回。

萧瑀请教李世民道：“与东突厥未和之时，将领们纷纷请求出战，陛下不许，可不久敌方自退，这是什么原因呢？”李世民解释道：“朕观察，东突厥兵虽多而阵不严整，他们君臣无不寻求贿赂。当双方约和时，只可汗独在渭水西岸，其他官员却过河到东岸拜见朕，朕若在宴中将他们灌醉后统统擒获，再乘势进攻，必大败东突厥。而且，东突厥攻泾阳时，朕就令李靖、长孙无忌率兵埋伏在东突厥北归必经的豳州。那时，东突厥如丧家之犬，前有伏兵，后有追兵，想要打败他们是易如反掌。但朕所以不战，因朕即位日浅，国家还不安定，百姓不富，应当休养生息。一与东突厥交战，肯定耗费人力物力；东突厥怨恨既深，必然惧而备战，那就影响朕远期目标的实现。今朕不战讲和，以钱财贿赂他们，彼方已满足欲望，自然会不战而退，而且会意志骄惰，不复设防；朕则积蓄力量以待时机，可一举根除敌患。老子曰：‘将欲夺之，必固与之。’正是此意！”

因为与东突厥讲和，所以李靖埋伏在豳州的军队也按兵不动。李世民就这样以智退敌，化险为夷。九月，东突厥赠唐羊万只，马三千匹，唐太宗不收，只是请求归还从中原掳走的平民百姓以及前兵败被俘的温彦博。

李世民清楚地知道：这样还不足以完全解除边患，为彻底消灭东突厥，他抓紧时机战备。二十二日，李世民引诸卫骑兵统将等，在显德殿庭习射，并教导说："从古至今，边疆从未有过太平之时，狄戎时常侵扰。边疆稍稍平静一点，将士们就忘记作战，终日享乐，那么敌人来时必将措手不及。今日朕不让你们修建宫苑，而专习骑射；政事之暇，你们都练武，突厥入寇，则让你们做统帅。这样，中原百姓才可以安心务农。"此后，持之以恒，每日训练数百人，并且亲自去查看。士兵中箭法优秀的赏以弓、刀、帛，对其他将帅也加奖励，群臣无不阻拦，都说一群武夫在宫中习武弄拳实在不雅，而陛下亲临其间，多么危险。他一概不听，说："帝王视四海如一家，率土之内，皆朕的子民，难道还猜忌自己的宿卫之士！"将士听后深受感动，无不竭尽全力，苦练骑射本领，数年之间，成就了一批骁勇善战的骑兵劲旅。

贞观初年，东突厥内部分崩离析。颉利可汗任用汉人，秉掌大权，"多变更旧俗，政令烦苛"，颉利可汗还信任西域胡人而疏远族人，这些都招致了大多数突厥人的不满。胡人生性贪婪，又多变，一有风吹草动必摆摇不定。当时连年大雪，牲畜冻死很多，颉利可汗由于天灾而用度不足，就对归附的其他诸部横征暴敛，导致各部人心离散，纷纷脱离颉利可汗的控制，推薛延陁部的夷男为可汗，与唐朝联系，夷男被唐朝册封为真珠毗伽可汗。此时，铁勒的回纥、薛延陀、拔野古等见颉利可汗政乱，接连反叛，他也无力制服。五月，苑君璋投降。当初，突厥兵在苑君璋的带领下攻陷马邑之后，苑君璋面对唐军反击杀高满政，据恒安死守。他的士兵都是中原人，大多脱离他投奔唐朝。由于害怕，苑君璋也主动投诚，请求将功补过，去防守北疆，高祖答应了他。苑君璋请求订契约，雁门人元普被高祖派去送给他金券。颉利可汗又派人前来招降，苑君璋心中忐忑不安。恒安人郭子威劝他道："现在突厥正值强盛之时，不能和他相敌，应该依靠它以观其变。恒安这地方地势险要，易守难攻，你不应该受他人限制。"苑君璋于是将元普拘捕送至突厥，再次与突厥联合，并多次入侵唐帝国。到五月，苑君璋看到颉利可汗政事混乱，知道突厥无法依靠，于是率兵马投降，被唐太宗封为隰州都督、芮国公。

颉利可汗势单力薄，百姓争相逃离。恰遇天下大雪，积雪数尺之厚，牛、羊、马大多冻死，百姓饥寒交迫，颉利可汗担心李唐王朝趁机发兵，于是带领兵马到朔州边境，扬言要会猎，实际上是为了防御唐军进攻。鸿胪寺卿郑元璹出使突厥还朝，对唐太宗道："突厥内部的兴盛、衰落，从羊马的状况就可知道。现在突厥百姓饥饿、羊马数量剧减，这是将要灭亡的征兆，不会超过三年。"唐太宗认为很正确。

群臣都劝说唐太宗借机攻打突厥，唐太宗道："刚刚与人家订盟却要背约，太不守信；利用人的灾祸，这是不仁义；如此获得胜利，这不是勇武的行为。即使突厥各部落都离散叛逆，牲畜死伤殆尽，朕还是不出击，一定要等到他们有罪过，然后再出兵讨伐。"真珠统俟斤与高平王李道立被西突厥统叶护可汗派至长安，献上五千匹马，宝钿金带无数，以迎娶唐公主。颉利可汗不希望大唐与统叶护可汗和亲，派兵多次侵扰，又派人对统叶护可汗道："如果迎娶大唐公主，必须从我们的领土经过。"统叶护可汗为此十分担忧，最后没有成婚。

突利因颉利可汗举兵攻打而向唐朝求援。唐太宗与大臣们商议："我与突利以兄弟相称，他有急难我不能不救。然而颉利可汗也和我们订有盟约，怎么办呢？"兵部尚书杜如晦道："突厥这个民族向来不遵守约定，没有信用，以后必定要背约，现在如不趁其混乱而进攻，以后将后悔莫及。以智谋乘乱攻打，舍弃将要灭亡的，这是自古以来就有的道理。"二十日，辖领各部的契丹族首领投降唐朝。颉利可汗派使臣来大唐，请求换回契丹部族，并以梁师都为代价。唐太宗对突厥使臣道："契丹如今已是朕大唐部族，而不是你突厥臣下，你们为什么来讨还？梁师都本是中原汉人，大肆侵吞大唐土地，欺压大唐百姓，突厥接纳他并且予以保护，大唐兴兵讨伐梁师都，你们却与大唐为敌，出兵援梁，梁氏已如鱼游釜中，我们早晚会将其消灭的。即使一时不能消灭，我们也不至于为了得到他而牺牲契丹百姓的切身利益。"

在此之前，唐太宗曾寄书给梁师都劝他归顺大唐，他始终不允，现在突厥内部政局混乱，争斗不休，已不能再庇护梁师都。夏州都督府长史刘旻、司马刘兰成被唐太宗派去领兵对付他，刘旻等人多次派遣轻骑兵将梁氏占据区的土地禾苗肆意践踏；又常使反间计，离间其君臣，梁师都又因为得力部下秘密谋反而对他的部下猜忌万分，此时梁氏内部已经大乱，其国势渐衰，投降唐朝的人络绎不绝。刘兰成等知道时机已到，请唐太宗让其出兵。唐太宗派殿中少监薛万均、右卫大将军柴绍率兵进攻，又让刘兰成一同进逼。梁师都率兵出城，列阵于朔方东城下，刘兰成按兵不动。

梁氏夜半逃跑，刘兰成追击，大破梁氏。突厥发兵救梁师都，走到离朔方数十里时与唐兵相遇，双方奋力拼杀，突厥精疲力竭，终于败退，于是唐军包围朔方城。突厥兵不敢救援，城中粮草尽失。二十六日，梁师都被自己的堂弟梁洛仁杀死，献城投降，唐朝以该地为夏州。代州都督张公谨上奏称，现在可以平定突厥，原因有六：第一，颉利可汗任用奸臣，为人残暴，诛杀忠良不得人心；第二，突厥很多部族已经叛离；第三，突利、拓设、欲谷等部一向不和；第四，天降灾害，粮食缺乏；第五，任用奸诈善变的胡人，远离其族人，唐军一到，必引起内部变乱；第六，北方的汉人已成气候，大军出塞后必群起响应。唐太宗认为既然颉利可汗打算与唐朝和亲，却又出兵援助大唐之敌梁师都，实属背信弃义，于是任命李靖为行军总管，张公谨为副总管，二人率大军征讨突厥。

李世民审时度势，认定此时为铲除东突厥的最佳时机。张公谨提及的是外部条件，唐政局完全稳定则是得以出兵的内部条件。而且贞观三年（629年）经济充裕，关中丰收，特别是几年来李世民精心训练了强大的骑兵劲旅，可以在与东突厥作战的辽阔战场上大展身手了。于是他以颉利可汗先前既请和亲，又援唐反贼梁师都为理由，发动大规模的战略进攻。十一月十五日，李勣被派去打通汉道，李靖出定襄道，李道宗出大同道，柴绍出金河道，卫孝节出恒安道，薛万彻出畅武道，共汇集六路大军共十余万人，都受李勣节度，分道合击东突厥。不久，在灵州首战中，李道宗的部队就宣布告捷。这一消息使北方各部族和东突厥大为震动，同罗、拔野古、奚、仆骨、鞣鞨纷纷投降唐。有些东突厥部众虽受颉利统辖，但也降唐。十二月十四日，突利可汗亲自入唐朝拜。

贞观四年（630年）正月，李靖率领三千骁骑自马邑出发，在恶阳岭驻扎，于当天夜晚突袭定襄城，获得前所未有的胜利。突厥颉利可汗想不到李靖出兵如此神速，大惊道：“唐朝并没有派全部兵力向北方进军，李靖怎么敢孤军深入到此处。”突厥兵一天屡次受到惊吓，于是将牙帐迁移至碛口。李靖又遣间谍用离间计分离其心腹，颉利可汗的亲信康苏密立刻携隋萧后及炀帝孙子杨政道，归降唐朝。与李靖一样，李勣也已马到成功。李勣埋伏在通往阴山以北的要隘，颉利可汗全然不知，被杀了个措手不及。初八，突厥颉利可汗的军队在阴山被李靖大败。

先前，颉利可汗兵败后，带领残余兵力逃窜至铁山，同时派执失思力谒见唐太宗，当面谢罪，请求献地投降，自己入朝抵罪。鸿胪寺卿唐俭等人被唐太宗派去抚慰，又命李靖领兵迎接颉利可汗。颉利可汗表面上一心归顺，极为谦卑，其实内心另有一番打算，想要积聚力量，等待时机，等草青马壮之时，再逃回漠北重整旗鼓。李靖与李勣在白道会合，共同谋划道：“虽然颉利可汗被打败，其兵马还很强大，如果他逃往碛北一带，仍然有旧部可以依靠。现在使颉利可汗感到不必这样做的原因是朝廷的使者已经到了突厥营地。我们如果挑选精锐骑兵一万人，只需要二十天的粮草供给，活捉颉利可汗并不是什么难事。”二人将他们的计谋告诉张公瑾，张公瑾道：“皇上既然已经接受他们投降，他们就是唐朝的部族了。况且我国使者仍在那边，怎么能贸然进攻呢？”李靖道：“当年韩信打败齐国所凭借的就是偷袭。唐俭等人不值得怜惜！”于是在夜里率兵先行，李勣随后，行军到阴山，遭遇突厥一千多营帐，唐军全部将其俘获并命其跟随。颉利可汗见到大唐使者唐俭后十分高兴，心情有所平静。那天天降大雾，李靖抓住这大好时机，派苏定方带领两百名精兵作为前锋，等到距离突厥牙帐只有七里时才被发现。颉利可汗已来不及抵抗，只有先逃。李靖大军赶到，突厥兵溃散而去，唐俭及时脱身回到唐朝。此役过后，突厥兵有一万多人被杀，俘虏男女十余万人，获得牲畜数十万头，隋义成公主被杀，她的儿子叠罗施也被活捉。颉利可汗想要率领一万多人越过沙漠，李勣军队守住碛口，颉利可汗兵到，却过不去，手下首领兵士又纷纷投降，唐俘虏颉利可汗五万余人。

不久，李勣得胜的消息传到了朝廷。

李靖等平定东突厥的捷报传到唐太宗耳边，唐太宗对侍臣道："以前太上皇刚刚创立国家时，为保国家稳固，百姓平安，不得不向突厥称臣。对此我一直深感不安，痛心疾首，觉也睡不稳，吃也吃不好，今天终于消灭了突厥，洗我奇耻大辱，了我毕生夙愿。"李渊太原起兵时向东突厥称臣一事，本是唐朝后来讳莫如深的不光彩的历史，李世民将这一秘密随口说出，既说明他高兴得忘乎所以，更说明消灭东突厥对于大唐稳定天下具有何等重要的意义。

颉利可汗被押到长安后，李渊父子非常高兴，庆贺了一番。后来，李世民采纳温彦博的建议，实施怀柔政策，将东突厥安置在东起幽州，西至灵州的广阔区域，划分突利可汗统属之地，设置祐、顺、化、长四州都督府，又将原属颉利可汗的地方划分为六州，西边置云中都督府，东面设定襄都督府，以二府管辖当地百姓。唐太宗打败东突厥，将阴山至大漠的广大地区全部纳入大唐的版图之下，统一了北部国境，进一步加强了北方少数民族同汉族的联系。在各族民众里，唐太宗也树立起了崇高的威望。周围各部落、各部族的首领纷纷前来降服，到长安朝见唐太宗，加“天可汗”的尊称给唐太宗，意思是唐太宗是国内各族首领公认的皇帝。

## 定吐谷浑，仁政对待

唐朝初年，吐谷浑虽然一直与唐朝友好往来，但多次侵扰兰州、凉州等地，阻断了唐朝与西域往来的交通要道。

贞观八年（634年），凉州遭到了吐谷浑大军侵犯，唐太宗召集军队大举进攻吐谷浑。唐太宗打算任命李靖为统兵将领，可是认为他年纪太大，经不起南征北战。李靖听说后，请求出征，唐太宗十分高兴。十二月初三，唐太宗任命李靖为西海道行军大总管，各路兵马都受他管辖。兵部尚书侯君集、刑部尚书任城王李道宗、岷州都督李道彦、凉州都督李大亮、利州刺史高甑生分别为积石道、鄯善道、赤水道、且末道、盐泽道行军总管，并在突厥各部的合力下，共同对付吐谷浑。

贞观九年（635年）闰四月初八，吐谷浑在库山被李道宗击败。可汗伏允被击败后，烧光自己所有的东西，率锐兵往西逃往沙漠地带以逃避唐军追击。唐朝诸将领认为马没有粮食可食，已经非常疲乏，不能孤军作战。侯君集道：“过去，段志玄军队还朝，才至鄯州，城下已聚集了吐谷浑士兵。因当时吐谷浑还较强大，众人还替他们效力。现在敌军失败一次后，兵逃人散，守卫的哨兵们也已撤退。君臣离散，父子难以相见，攻取他们易如反掌，这时不乘胜追赶吐谷浑，将后悔莫及。”李靖采纳他的意见，将所率军队分作两路：侯君集与任城王李道宗为南路军；李靖与李大亮、薛万均为北路军。

李靖的手下部将薛孤儿在曼头山打败吐谷浑，并斩杀了吐谷浑的名将，大获杂畜，以充军粮。不久以后，李靖等人又在牛心堆大破吐谷浑，又破敌于赤水源。

侯君集和李道宗两位大将率南路军艰难跋涉，走过杳无人烟的草地两千多里，而且气候极端反常，盛夏降霜。过破逻真谷时，其地无水，只好人啃冰、马嚼雪以解渴。直至五月，侯君集等在鸟海最终追上了伏允。双方一场激战，唐军获胜，活捉吐谷浑的名王梁屈葱，但伏允潜逃。

率领百余名轻骑的北路军将领薛万均、薛万彻深入到赤海，突然被吐谷浑天柱王数千骑兵包围。猛烈的激战中，薛氏两兄弟都中枪从马上落下，步行而战，六七成士兵战死。

在这危急时刻，契苾何力率领数百骑兵飞驰赶到，纵横奋击，突破重围，所向披靡。敌军大败，薛万均、薛万彻也转危为安。李大亮在蜀浑山打败吐谷浑军，二十名吐谷浑名王首领被捕。吐谷浑军在居茹川被将军执失思力大败。李靖率领各路军马途经积石山河源，过了且达，一直到达西部边塞地区，听说伏允在突伦川正往于阗逃跑，契苾何力打算乘势追击，薛万均吸取先前经验教训，坚决不同意这一策略。契苾何力道：“吐谷浑不定居，没有城郭，随水草迁移流动，如不趁他会集一块儿时攻击，等到他们四处游荡，如何彻底清理他们的据点呢？”于是亲自挑选骁勇骑兵一千多人，向突伦川进发，薛万均率部随后。沙漠中缺水，将士只得抽饮马血。唐朝军队打败在牙帐地区的伏允，杀死了吐谷浑军队几千名将士，获牲畜二十多万，伏允再次脱逃，唐军俘获其妻子儿女。

经过星宿，侯君集等所率的南路军到达柏海。然后，与北路军的将领李靖回师会合。

慕容顺在唐朝初年回到吐谷浑后，并没有被任为太子，充其量只是一个大宁王。虽然他是嫡子，但留居中原，长期没有归来，伏允可汗已经立其他的儿子为太子了。慕容顺心中一直很不痛快，想寻机夺取太子的位置。李靖率唐军取得节节胜利，使吐谷浑受到沉重的打击，吐谷浑的士兵们愤恨天柱王，不该诱使伏允可汗与唐发起争端。慕容顺感到这是不可多得的良机，于是利用民心所向，斩了天柱王。而率领千余人马的伏允可汗逃到了沙漠之中，流浪十余日，部下将领逐渐分离散去，伏允可汗最后被左右随从害死。吐谷浑遂立慕容顺为可汗。

五月十八日，李靖上奏说吐谷浑已被平定。二十一日，唐太宗下令恢复吐谷浑国的称封，并封亲唐朝的慕容顺做了西平顺王甘豆可汗。唐太宗还担心他无法将局势控制住，于是令李大亮率精兵数千为其声援。

吐谷浑甘豆可汗在中原长时间做人质，国内的民众都不拥护他，最后死在自己手下的手里，他的儿子燕王诺曷钵被立为可汗。诺曷钵年少无力，大臣们争权夺势，时局一片混乱。十二月，唐太宗诏令兵部尚书侯君集等率兵援助，计划先由使者向他们宣讲教化，如果他们仍不听从诏令，就寻找时机去讨伐他们。

贞观十年（636年）三月初七，诺曷钵派使者前往大唐，请求在吐谷

唐太宗图

浑颁用唐朝历法，沿用唐朝年号，并允许吐谷浑子弟侍奉唐朝，唐太宗欣然同意。十七日，淮阳王李道明被唐太宗派去出使吐谷浑，册封诺曷钵为河源郡王、乌地也拔勤豆可汗，于是吐谷浑归入大唐旗号之下，征战之时也用唐的旗帜。贞观十三年（639年）十二月，诺曷钵亲自入唐朝拜，献上马、牛、羊一万只，并向大唐请婚。唐太宗满口答应，许给他宗室女弘化公主，陪嫁财礼也颇为丰厚，并派遣李道明和右武卫将军慕容宝护送驻到吐谷浑。但不久，吐谷浑内部又发生动乱，丞相宣王专权，妄图篡位夺权。其谋略是诈言祭祀山神，调集军队，之后进击弘化公主，挟诺曷钵可汗向吐蕃投降。原来，唐太宗时期吐蕃兴起，唐和吐蕃两大势力中间是势力稍弱的吐谷浑，并成为双方争夺的对象。因此，吐谷浑内部就出现了亲吐蕃和亲唐两种不同的政治派别。丞相宣王属于亲吐蕃一派，可汗慕容顺、诺曷钵则是亲唐一派。

诺曷钵得知宣王谋叛的机密后，率轻骑兵慌忙逃奔鄯善城，受到威信王的迎接。不久，唐廷果毅都尉席君买和威信王合力大败宣王，斩了宣王三兄弟，随后上奏唐廷。由于吐谷浑国内仍然很不安定，唐太宗于是又派民部尚书唐俭、中书舍人马周前去抚慰，重新将混乱的吐谷浑政权稳定下来。唐太宗逝世后，又雕刻诺曷钵的石像，列于昭陵之下，象征臣服大唐。在进攻吐谷浑时，李靖曾厚礼党项，他们为唐军充当向导。党项首领拓跋赤辞来到军中，对诸将领道：“原来不守信用的隋朝，总是掳掠我们。现在你们的各路兵马如没有害我之意，你们的粮草请让我来供给；如果不是这样，我们会占据险要地势阻碍你们。”将领们同他约定后将其释放。赤水道行军总管行军到了阔水，李道彦见拓跋赤辞没有防备，于是偷袭他，获几千头牛羊。党项族人被惹怒，他们占据野狐峡，使李道彦的部队不能前进。李道彦被党项击败，伤亡万人，李道彦部撤退到松州。左骁卫将军樊兴因逗留而耽误军期，士兵们纷纷逃散。二十二日，樊兴、李道彦因此获罪，被流放到边远地区。

唐太宗派使节慰劳众位将领，为了夸耀自己的功劳，薛万均肆意诋毁契苾何力。契苾何力不胜愤怒，拔出刀子，打算杀掉薛万均，幸亏众将相救，薛万均才免一死。唐太宗听说后责难契苾何力，契苾何力说明详细的情况，唐太宗大怒，要将薛万均的官职授给契苾何力。契苾何力婉言谢绝：“陛下，由于我的缘故而解除薛万均官职，那些不知真相的外族官员还认为陛下重视外族而轻视汉人，争斗之事必然增多，而且会使外族有轻视汉人之意。”唐太宗赞许他的意见，没有处置薛万均。不久，将玄武门宿卫官一职授予契苾何力，又把宗室女临洮公主嫁给他。

# 征战继续，唐平高昌

唐太宗平定吐谷浑之后，继续经营西域，用兵高昌。

西汉时的车师前王庭国是高昌国的前身。晋朝时，那里人丁昌盛，地高宽敞，遂以此地为高昌郡，以交河城为郡治所，设太守统辖。后魏文帝末年，这一地区为茹茹占据，立阚伯周为王，这是高昌称王的起步阶段。

阚伯周去世后，其子义成继承王位，后被其堂兄首归害死。首归自立为高昌王后，铁勒阿伏至罗又将其杀死，铁勒立敦煌人张孟明为高昌王。不多时候，张孟明被手下杀死，马儒被立为王。马儒派使者到后魏请求内属，但依恋故土的高昌人不愿东迁，遂杀马儒，立金城榆中人麴嘉为王，又成了茹茹的属地。铁勒击败茹茹后麴嘉随而臣服于铁勒。麴嘉死后，子坚嗣位。

高昌的都城交河城，周长达一千八百四十步。主要官员有令尹、田北公、交河公，这都由王子担任，其他官职大致与中原王朝相同。大王决定并主管朝中大事，太子和交河公、田北公决定并评断、处理日常琐事。

高昌气候温暖，地多沙漠，可耕地土质肥沃，谷麦一年可以两熟，还适宜种棉花，俗称“白叠一条”。高昌人以采花织布来做衣料，用之所剩也拿到市场上做买卖。高昌还盛产葡萄，能酿出醇美的葡萄美酒。民俗信

奉天神，也兼信佛法。男子身穿胡服，辫发到背，女子身穿汉人的裙襦，发辫长至地面。文字以汉文为主，兼用其他文字，赋税计田收银，无银收麻布，刑法及婚姻丧葬风俗也相似于中原汉族。

长安到高昌的距离大约是四千三百里，有两条通道：一条称伊吾路；另一条是捷径，要横穿沙漠千余里，从武威西北出发，茫茫大漠中，需寻人畜遗骨及骆驼粪行进。有时会有哭声在途中飘荡，但是，如果真的去寻找，则是绝对找不到的。于是传说有魑魅魍魉作祟。因此商客东西往来多取伊吾路。

唐初，高昌疆域南北五百里，东西八百里，有二十一城，拥兵万人。武德二年（619年），麴伯雅死后，子麴文泰掌权，仍旧以华容公主作为自己的妻子，并派使者到唐告哀。朱惠表被高祖派去前往吊祭。武德七年（624年），麴文泰进奉拂林狗雌雄各一，此种狗长尺余，高六寸，能曳马衔烛。中原自此始有拂林狗。唐太宗李世民即位，麴文泰派使者献玄狐裘，华容公主被唐太宗回赏了花钿一对，接着唐太宗又得到了华容公主进贡的玉盘，其真心和好的意思是显而易见的；而且，麴文泰经常向唐通报西域各国的动态。贞观四年（630年），麴文泰亲自入唐朝见，唐太宗以礼相待，归时赏赐丰厚。在华容公主的请求下，唐太宗下令赐她姓为李氏，并改封她为常乐公主。次年正月麴文泰又入唐朝见，唐太宗也盛宴款待。

贞观六年（632年），唐、高昌两国关系急剧恶化。这年七月，焉耆国使者入唐进贡，并请求重新开通由焉耆到唐的大碛路，以便于往来，唐太宗答应了他的请求。这条大碛路自隋末以来就阻塞不通，高昌国是高昌西面国家入唐的必经之地，因此它垄断了丝绸之路的贸易往来。大碛路一旦开通，高昌就不是西域各国使者和客商入唐的必经之路了，自然就影响了它的经济利益。因此，高昌竟然派兵袭击焉耆，大掠而去。此后，麴文泰经常阻遏西域入唐朝贡使者和客商通过。为了抗衡唐的压力，高昌又与和唐对立的西突厥乙毗咄陆可汗结盟，与唐明争暗抗，从而更加有恃无恐。唐太宗下诏令麴文泰归还逃奔到高昌的中原汉人，这些人有一部分是逃到东突厥以避隋末战乱的，而颉利可汗被唐战败后，又有一些人逃到高昌，但麴文泰隐匿不还。

高昌国与西突厥一同进攻焉耆，焉耆将此事向唐朝廷汇报。唐太宗派虞部郎中李道裕前往征询情状，并且对高昌来使道："高昌也太不把我大唐放在眼中，区区一个小国，这几年以来，不向我大唐进献贡品，不行藩臣的礼节，官职称号，均同大唐的设置相同，为防备大唐的讨伐，掘沟挖城。我大唐使者到那里，麴文泰对他说：'鹰飞翔在天空，猫戏游于厅堂，鸡伏窝于草蒿，鼠嚼食于洞穴，各得其所，肯定能让他们发展，得到喘息的机会。'再派使者对薛延陀说：'你既然身为可汗，就应同唐皇帝平等，为何要拜他的使者呢？'离间周围邻国作恶，又待人无礼，不除去他，怎么能劝善止恶！高昌将被讨伐。"

贞观十四（640年）三月，薛延陀可汗闻听唐要东征，派使入唐请求为唐军做向导，于是唐太宗派民部尚书唐俭和执失思力带缯帛赏赐薛延陀，谋划合力攻取高昌。但是唐太宗对麴文泰幡然悔悟、归顺大唐抱着一线希望。随后又下玺书晓谕祸福，还召麴文泰到唐朝，但是他都装作有病不来。唐太宗震怒，在十二月初四，以侯君集为交河道大总管，薛万均为副，与东突厥各部等步骑会合，共数万人出师征讨。

听说唐朝已发兵前来讨伐，高昌王麴文泰对其臣僚道：“从唐到此相隔七千里，而且光沙漠就绵延四千里，既无水草，而且热风如同火烧一般，怎么能派大部队呢？以前我去过唐朝的陇北一带，当时只见眼前人烟稀少，一片萧条，不能与隋朝时相比。现在唐朝派军队来攻伐，粮草必定供给不足，兵少了，又奈何不了咱们，我们应当以逸待劳，坐等他们疲敝。如果他们陈兵城下，二十天之内，只管叫他粮尽兵退，然后我们就能趁机把他们俘虏。难道还有什么忧虑的吗？”但等到听说唐朝部队兵临碛口，他又内心恐惧，不知所措，最后发病死去，他的儿子麴智盛即可汗位。

唐朝的军队到了柳谷，探子说近日要安葬麴文泰，高昌国内人士都聚集在葬地。将领们都觉得这时候正好发动袭击，侯君集道：“不可。大唐天子以为高昌怠慢无礼，因此才派出正义之师。如今要是在安葬墓地袭击他们，我们就不配称作‘正义’了。”于是擂鼓进军，到达田城，下书晓谕他，高昌不应，于是在清晨开始攻击，到了中午便攻下城池，将七千多百姓俘获。然后又命中郎将辛獠儿为前锋，当夜，进逼其都城，把前来迎战的高昌人打败，而后，唐朝大部队也来到高昌城下。

麴智盛给侯君集写信说：“是我的父亲得罪了大唐天子，他遭了天罚，已经死去。麴智盛刚刚即位不久，请尚书宽恕！”侯君集回信写道：“你如果是真心悔过，应当主动到营门投降。”麴智盛还是不出来，于是侯君集下令攻城。同时，从城外把如雨一般的飞石投射进去，城内人均躲在房屋中。唐军又造高十丈的巢车，将城内状况尽收眼底。城内人走动以及飞石所投目标，唐军都可以通过巢车上的人得知。先前，麴文泰和西突厥可汗达成互助协议，约定一方遇急另一方救援，西突厥可汗便派兵去驻守可汗浮图城，作为麴文泰的援助力量。

等唐朝大军开到城下时，西突厥可汗仓皇逃走，驻守大臣举城投降。麴智盛处境狼狈，开门出城投降。侯君集分兵占领各地，后来统计，一共拿下二十二座城池，获得八千零四十六户，一万七千七百人，所控制的土地东西八百里，南北五百里。

唐太宗想改高昌为州县建置，魏徵劝谏道："陛下刚即位时，受到麴文泰夫妇的拜谒，麴文泰以后逐渐骄傲自大，所以加以诛伐。有罪的只有麴文泰一人。我们应该安抚当地百姓，把他的社稷保存下来，让他的儿子做可汗，则皇上的威德及于荒远之地，四方都会向您归顺。现在要是将其地改置州县，那么还要经常有一千多人镇守，几年一换，这样一折腾，十有三四的人就会死掉，而且还耗费军资，拆散家庭。十年以后，陇右地区将钱财耗尽，大唐还是得不到高昌供给的粮食布匹。正所谓分散有用资财以供奉无用之地，臣觉得此法不要。"唐太宗不听从其建议，九月，将高昌所在地改置西州，把可汗浮图州改称庭州，并各设所辖县，在交河城设立安西都护府，留下兵力镇守。

侯君集攻高昌时，曾派使者约焉耆出兵与唐合力，焉耆遵命。等到高昌被灭后，焉耆王亲自到唐军营拜见侯君集，请求归还被高昌夺去的三城。侯君集奏请后把城连同被高昌掠去的焉耆百姓一起归还了焉耆王。

随后，侯君集携被俘的高昌可汗和君臣及豪强等得胜而归。唐太宗免麴智盛罪，封他为左武卫将军、金城郡公，还把一并擒来的高昌乐工编入太常寺，原九部乐增高昌乐后形成唐国家法定的十部乐。至此，东起大海，西至焉耆，南起林邑，北至大漠，全部成为唐的直属州县。东西九千五百一十里，南北一万九百一十八里。

自麴嘉建立高昌国起到麴智盛亡国止，中间共经历了九代，历时一百三十四年。而唐得高昌后设安西都护府并留兵镇守，使之成为唐朝进一步向西域发展势力的跳板。

## 吐蕃和亲，文成入藏

吐蕃人是现今藏族的祖先，其源头甚至可以追溯到古老的羌族。羌族最初散居在今青海一带，以游牧为业，随着水草的长势而不断迁移，其中发羌、唐旄、牦牛等部先后进入今西藏地区。到南北朝末期的时候，羌人在西藏高原的中部和北部建立了苏毗国，以逻些为中心。另外，牦牛部在苏毗的南面建立了吐蕃国。吐蕃王称赞普，意思是雄强的丈夫。贞观三年（629年），松赞干布继任第三十二世吐蕃王，吐蕃得到迅速发展。

松赞干布的父亲论赞弄囊在位时，南征北战，非常想把小邦林立、分裂割据的青藏高原统一成一个国家。为了培养自己的孩子，论赞弄囊让儿子接受了严格的要求和训练。松赞干布每天坚持骑射等各种训练，达到了训练要求才能休息。因此，在松赞干布十岁时，他的武功便在宫里出类拔萃了。到少年时期，他就敢骑马到山野间以驰杀野牛、野马为娱乐。另外，松赞干布还接受了大量的文化教育，因为他父亲想把他培养成一个通晓工艺、历算和各种学问的接班人。

松赞干布的父王想统一西藏各部，树立起赞普的威信，这是符合历史发展趋势的，但是王权的集中肯定会影响贵族们对权力的把持。旧贵族们为了保持特权，便策划了一场阴谋。唐贞观三年（629年），年富力强的论赞弄囊被旧贵族设计用毒酒毒死了，于是，吐蕃内部的一些大臣和他们控制的部落纷纷起来造反。羊同、苏毗等部的旧贵族们也一起来把论赞弄囊任命的官吏赶走，举兵攻打吐蕃，一时吐蕃国家处于生死存亡的危急关头。

这时，年仅十三岁的松赞干布在国家处于危难之时继位了。在宰相尚囊和他的叔父论一科尔的协助下，松赞干布首先把毒死他父亲的阴谋家杀

吐蕃和亲图

掉，替父亲报了仇，也稳定住宫廷所在地泽当一带的局势。接着，集中力量对付各地叛乱者。他还下令减少征取民间财物的数量，以达到争取民心的目的，同时又建立起一支精锐强悍的军队，还充分利用各部落之间的矛盾把娘氏、韦氏等贵族也争取了过来。在两年内，他平定了叛乱，把原归大贵族所有的武器、土地和民众统统置于自己的手中。

叛乱平定后，松赞干布决定将都城迁往吉曲河谷下游的逻些。这里处于西藏高原的中心地区，向北是雄伟的念青唐古拉山脉，向南是宽阔的雅鲁藏布江，东连娘波、工布等地，西邻羊同。这里地广人众，进可攻，退可守，为更好地控制整个西藏创造了有利条件。松赞干布下令，在逻些的布达拉山修筑王宫，许多房屋、作坊、兵营、市场也纷纷建立起来。很快，这里就得到了迅速发展，也奠定了以后拉萨作为西藏首府的基础。

这时，吐蕃人已经营农业，主要农作物有小麦、青稞麦、荞麦等。但主要的生产行业仍是畜牧业，家畜有牦牛、马、羊等。吐蕃人取牛羊乳酪为食，用毛织衣，住毡帐中。另外，他们还能开矿，矿产有金、银、铜、锡。吐蕃人爱用赭色涂面以避风寒，妇人辫发盘于头上。民众都迷信鬼巫，信奉佛教，国家政事必参照宗教制度加以处理。以壮为贵，以弱为贱，母拜子，子傲父，出入时，小的走在前头，而老的跟在后面。重战死，几代都有人战死的人家被视为高门大族，怯阵脱逃的人的头上被挂一个狐狸尾巴以示羞辱。行礼时手据地，再作一下揖就可以了。在父母的丧期，要断发，以青黛涂面，衣服皆黑，但是下葬以后就可换丧服。赞普死，不仅将所用的衣服、珍宝及马匹弓箭都埋掉，还以人殉葬。

松赞干布继位后，受先进的唐文化影响，创立中央集权制度。在中央政权中，最高统治者是赞普，赞普以下，设大相一人，称为大论，副相一人，称为小论。宰相之下，有一人掌管内务，称内大相，一人掌管刑法，称整事大相，另外还有掌管国外事务、外交、财政等各种官吏。管理被征服的国家和部落的人称都护。以大相为首的九位大臣称为“九政务大臣”，是赞普之下的最高统治者，实为一人之下、万人之上。九大臣以下是等级严格的各级官吏，以佩戴在胸前的章饰作为区别标志，一等官员佩瑟，二等官员佩金，三等是金包银，四等为银，五等为铜，六等为铁。

在地方政权上，松赞干布基本上以部落为基础，将全国分为四个如，即藏如、约如、卫如和叶如。每如又分上、下二支如，设大将一人、副将一人、判官一人。支如以下是千户府，每个支如下辖四至五个千户府，置千户长，千户以下有五百户长、百户长、十户长等。这些受封的千户大多为以前的贵族，不过这些头衔都是赞普加封的，赞普有权领导管理他们。

在军事制度方面，吐蕃的军事组织和地方行政组织基本一致，三十一个千户府和四个下千户府，就是在所有的行政基础上划分成的，它们是具有行政单位和军事单位的双重单位，总管军事的是都元帅和副都元帅。战时军队调动要有赞普金箭为令。为防元帅和各级将军权力过大，赞普经常派监军对这些元帅和将军们加以监督。为了便于镇压内乱，松赞干布还建立了一支精锐的禁军，自任统帅，驻扎在王宫附近，配备最好的武器装备，人数约五千人。这样，就可以更好地加强王权。

在法律方面，松赞干布继位后，把吐蕃陈旧传统的酷刑废除掉，并依据佛教的十善精神，制定了一整套成文法律。它由两部分内容组成，前半部分是“惩恶”，即对杀人、盗窃、淫乱、说谎者所处以的各种严刑；后半部分是“扬善”，即劝说民众不要违抗贵族加给他们的意志，要顺之而行，同时贵族也应施恩惠给民众，这实际上是试图用佛教大慈大悲因果报应的思想来稳定统治秩序，缓和矛盾。

在经济制度方面，类似于唐朝的均田制，松赞干布也将一些土地分配给平民，然后登记户册，并把各户的户口和大牲畜所应承担的赋税数额也确定下来。

在文化方面，创建文学是松赞干布作出的突出贡献。松赞干布以前，吐蕃没有文字，人们用刻木或结绳记事，这样很不利于处理事情。松赞干布执政后，将吞米·桑布札等十三个年轻人派到克什米尔向婆罗门李敬学习声韵学。他们学成归国后，利用并简化了于田文，造成三十个字母，并编出几种文法歌诀，用以拼写吐蕃语。松赞干布亲自听桑布札等人讲授文字，他不仅自己认真学习，而且还发布诏令大力提倡推广学习吐蕃文，并让各地寺院传播这套文字，将佛经译成吐蕃文在民间颁布。此后，吐蕃文在吐蕃境内各地得到广泛使用。以后羌族和其他族融合成后来的藏族，吐蕃文也就成了后来形成的藏文的鼻祖。

松赞干布采用的制度和政策，巩固了吐蕃内部的统一。接着，他组织军队向西抗击羊同的侵犯。在北部，由于突厥和吐谷浑的衰弱，松赞干布强迫过去被突厥吐谷浑统治的党项、多弥、白兰、迷桑等部向自己纳贡称臣。吐蕃将现在的甘肃西部、青海南部及新疆的一部分，也变成了自己的领土。自此，吐蕃开始和唐朝接壤，也有了接触。

唐太宗统治时期，国富民强，威震四海。松赞干布十分仰慕东方的大唐帝国。贞观八年（634年）十一月十六日，远在西南的吐蕃首次正式派官员到中原王朝朝见，唐太宗派冯德遐为使者前去抚慰。唐朝使者的到来，使松赞干布非常高兴。他在听说突厥、吐谷浑都娶了唐公主为妻之后，于贞观十二年（638年）再派使者随冯德遐到唐朝。吐蕃使者把许多珠宝奉献出来，并表示想要娶唐朝公主，但没有得到唐太宗的允许。使者回吐蕃后觉得难以实言，就编造说："臣刚到唐时，天子待臣很好，亲口答应许配公主。谁料不巧吐谷浑王也到唐朝拜见，在他的挑唆下，唐天子待臣礼遇渐薄，连许婚事都反悔了。"松赞干布闻听大怒，发兵攻打吐谷浑。吐谷浑难以抵挡，逃到青海湖北，吐蕃军还不肯罢休，一路追击，又攻破党项、白兰等羌族部落，以二十万大军屯驻松州（今四川省松潘）西。吐蕃再次派使者带着金帛到唐朝，并态度强硬地要求娶公主，还说如若不答应，就只有兵戈相见，随后又挥兵进攻松州。唐松州都督韩威轻敌，被吐蕃兵打败。一时间，引起唐边地的震动。

在这种情况下，唐太宗断然以侯君集为当弥道行军大总管、执失思力为白兰道行军总管、牛进达为阔水道行军总管、刘简为洮河道行军总管，共率步骑五万反击。九月，唐军先锋部队在牛进达的率领下从松州出发在晚上偷袭敌营，杀死一千多人。

松赞干布对唐作战失败后，认识到只有诚心与唐和好，才能娶到唐朝公主。于是他派大臣禄东赞到唐朝道歉，并将黄金五千两、珍宝数百件献给唐朝，并再次表达求婚的愿望。松赞干布的诚意打动了唐太宗，唐太宗念及唐蕃友谊，便同意吐蕃的要求，决定将宗室女文成公主嫁给松赞干布。

唐太宗很欣赏禄东赞的聪明能干，要把琅琊牙公主的外甥女段氏嫁给他，不料却被禄东赞恭谦地婉言相拒。他说："陛下，我在吐蕃已有妻

室，绝不能抛弃。我是奉赞普之命来向大唐天子求婚的，现在赞普还没见到公主，我做臣子的更不能先娶了。”唐太宗觉得禄东赞是个德高睿智的人，就让他做了右卫大将军。

文成公主是唐太宗的侄女，为了唐朝和吐蕃的友好关系，她毅然辞别父母，离开长安，不辞路途遥远，甘愿嫁到青藏高原去。

唐贞观十五年（641年），唐朝和吐蕃双方为文成公主举行了隆重的送亲和迎亲仪式。唐太宗堂弟、江夏王李道宗奉唐太宗之命持节护送文成公主入吐蕃。文成公主还未出发，唐太宗先派人在青海南部的河源专为公主修建了一座行院。从长安到河源，竟用了一个多月的时间，一路上无数的官民都为公主举行隆重的送行仪式。

文成公主出嫁的消息传到吐蕃，给吐蕃人民带来了极大的欢欣和喜悦。为了消除公主旅途中的疲劳，他们在很多地方都准备了马匹、牦牛、船只、食物和饮水，以表达对公主到来的喜悦之情。

松赞干布极为重视迎娶唐朝公主这件事，亲自率兵进驻柏海边，然后到河源馆舍中迎接。他见李道宗后非常恭敬地行了子婿礼，当看到大唐的华美服饰、隆重礼仪时，心里感觉十分惭愧。当时唐太宗给文成公主带去了丰厚的嫁妆，如佛像、珍宝、金鞍玉辔、金玉书橱、经卷三百六十部，各种各样的金玉饰物无数，以及许多精美的食品和饮品；狮子、凤凰树木、宝物等花纹饰着的绫罗绸缎；三百种卜筮经典；六十种营造和工艺书籍；治四百零四种病的医方以及五种诊断法和六种医疗器械；另外还有芜菁种。这其中佛像用车载着，各类珍宝、绸缎及生活用具用大队骡马驮着。

松赞干布陪着文成公主从北门进了逻些城，引来城内外百姓的一片欢腾。他们身披节日盛装，从帐篷里跑出来，争着去看文成公主。乐队高奏乐曲，在新建成的王宫里举行了盛大的婚礼。

松赞干布以前是住在帐篷里的，为了迎娶文成公主，他在逻些特意建造了一座华美的宫殿，就是现在的布达拉宫。在这座新宫殿里，挤满了前来为松赞干布和文成公主道贺的吐蕃大臣、贵族、官吏和百姓。现在布达拉宫里还保存着松赞干布和文成公主结婚时洞房的遗迹，松赞干布和文成公主的塑像也被供奉在那里。

文成公主还带去很多谷物的种子，并指导吐蕃人民种植。吐蕃原先也有农业，但却是粗放式的种植方法。他们用石头围住一块地，在里面耕种，至于说如何整地和保持水土，他们还没有掌握这项技术。文成公主去后，教会他们如何整地和保持水土，并开垦出了小块农田。此后，由于吐蕃各地开始种植各种粮食和蔬菜，所以把原先以青稞和肉食为主的生活习惯也改变了。

文成公主还让随行的工匠给吐蕃人民安置水磨，利用水力碾磨青稞，作进一步精细加工。

那时吐蕃人民还不会加工牛羊奶，文成公主到吐蕃后，让随行的人员传授制造酥油、干酪和酸奶子的生产经验。自那以后，酥油、干酪和酸酪的制作方法也被吐蕃人民掌握了。

吐蕃人民多以肉食为主，文成公主等汉人进入后很难适应，因此文成公主用茶叶开胃。此后，茶叶就逐渐成为吐蕃全国上下必需的饮品。

文成公主到吐蕃后，在和松赞干布一起生活的日子里，时常介绍唐朝先进的生产技术给吐蕃人，松赞干布于是多次向唐朝皇帝上疏，从唐

朝请来养蚕、酿酒、水磨、造纸、笔墨制造等工匠，用优厚的待遇供养他们，让他们把技术传授给吐蕃人民。文成公主和她的侍女，还教先进的纺织技术给吐蕃妇女，还改进染色和图案设计，使吐蕃的氆氇成为有特色的纺织品。

吐蕃过去都住帐篷，文成公主赴藏以后，一些达官贵人也模仿汉人，改住房屋。在衣着方面，又笨又重的毡裘是吐蕃人的主要服装，自文成公主到来之后，一些上层人士也穿上了绫罗绸缎。

吐蕃原先的历法既不完整，也不准确，他们以麦熟的三月为一年的开始。文成公主把唐朝的天文历法带进吐蕃，并应用于当地，按十二属相和六十甲子计时，有利于农业生产的发展。

文成公主也促进了吐蕃文字的发明和完善。文成公主劝松赞干布设法造字，来增强经济、文化的发展。松赞干布命人造出三十个字母和拼音造句的文法，并在宫殿的石崖上刻上这些字。吐蕃人用新创造的吐蕃文翻译唐朝的佛经和儒经，加强了唐蕃两地文化往来。

文成公主和亲时，还带去了一个乐队。这个乐队的乐器现在还遗留下来五十多件，珍藏在拉萨大昭寺里，其中绝大多数是弹拨乐器，制作精美，色泽鲜艳。平时这些乐器都在仓库里珍藏着，只有在亮宝会这天，即每年藏历二月三十日，才和寺内其他文物一起摆出来，供人瞻仰。汉族乐器的传入，丰富了吐蕃人的文化生活，这些珍贵文物已经保存了一千多年，成了唐蕃兄弟友好交往的历史见证。

文成公主入吐蕃后，实现了吐蕃人学习汉族先进文化的愿望。很多贵族子弟被松赞干布派到长安学习儒家经典，松赞干布还邀请了一些唐朝文士到吐蕃来替他用汉文拟写公文。文成公主入吐蕃时带去了一批诗集和经书。这使文化学术，尤其是儒学在吐蕃产生了积极的影响。

文成公主信奉佛教，松赞干布在她的影响下也信起了佛教。在他俩的主持下，逻些建起了一座大昭寺，大昭寺是吐蕃最大的佛教寺院之一。在吐蕃人中，有很多和大昭寺有关的传说。大昭寺建筑在逻些的中心，原来这里有一个很大的湖，选择这湖作为寺址是文成公主的初衷，所以吐蕃人就把这湖给填平了。在填湖时，有一只通灵的山羊也来参加这件千载难逢的盛事，此后，人们在大昭寺的墙外都能看到羊头。大昭寺门内有几株柳树，叫做“唐柳”，也有的称为“公主柳”，人们说是文成公主亲手种植的。此外，文成公主从长安城带去的释迦牟尼佛像被吐蕃人民世代虔诚地供奉在大昭寺内。

松赞干布和文成公主的联姻，巩固和发展了唐蕃之间的友好关系，从此吐蕃与唐朝成了甥舅，双方使节往来不绝。贞观十九年（645年）唐太宗东征回到长安，松赞干布特派禄东赞上疏赞颂并冶黄金为鹅奉献。此金鹅高七尺，中可盛酒三斛。

贞观二十一年（647年），唐太宗派遣使臣王玄策出访中天竺，受到中天竺国国王尸罗逸多的热情接待，可是当王玄策归国之时，尸罗逸多不幸去世，大臣阿罗那顺趁机篡位当了国王。阿罗那顺贪得无厌，见王玄策带有各国进贡的物品和许多珍宝，便派兵拦截唐朝的使团。王玄策和使团成员尽管进行了坚决的抵抗，但终因寡不敌众，大部分成员被杀，财宝也被洗劫精光，王玄策只身逃往吐蕃。松赞干布知道后，马上派一支一千二百人的精锐部队，将中天竺的军队击败，并且俘虏了阿罗那顺，夺回被抢去的贡品财物。松赞干布的这次行动，不但为唐伸张了正义，还惩罚了强盗，为维护唐蕃之间的友好往来做出了不可磨灭的贡献。

唐贞观二十三年（649年），唐太宗驾崩，松赞干布特派使者前往长安吊丧，并贡献出十五种金银珠宝，放在唐太宗灵座之前祭奠。唐高宗封松赞干布为“驸马都尉”“西海郡王”，并赐给他织物两千段。松赞干布在写给唐宰相长孙无忌的信中说：“天子刚刚登基，如果臣下有不忠之心，我愿出兵为天子讨回公道。”这些都表明松赞干布非常重视与唐的友谊，把保卫大唐的安全作为自己义不容辞的责任。唐高宗进一步嘉奖他，晋封他为“賨王”，赐锦缎三千段，松赞干布的石像被立在唐太宗陵前，以供后人纪念。

松赞干布和文成公主的联姻，密切了吐蕃和内地的关系，促进了吐蕃与内地的经济文化交流，使唐蕃之间十分亲善，此后三十年没有动过干戈。

第六章

# 太平盛世，国家繁荣

贞观年间，农民占有一定土地，赋役负担减轻，有了安定的生产和生活环境，大量荒地被开垦，社会经济出现了繁荣景象。那时候，政治比较清明，经济发展较快，国力逐步加强。

## 重农恤民，发展经济

在封建社会里，农业是最基本的经济成分，绝大多数百姓是农民。因此，改善农民的经济状况、恢复发展农业是“存百姓”的关键。

唐太宗对这一点认识很深刻，他在反复强调民为国本的同时，也不断把“农为民本”提上日程。他对大臣们道：“国以民为本，人以食为命，若禾黍不足，则百姓流失。”他在《帝范》一书的《务农》篇中写道：“食物是人们的根本，是政治的根本；仓廪实则知礼节，衣食足则知廉耻。国无九年的储蓄，不足以抵御旱涝；家无一年的衣服，不足御寒暑。”规劝人们耕地种田，就能免除饥寒的祸患。唐太宗把谷粟看得重于珍珠玉璧。他叮嘱地方官员们说：“天下百姓需要粮食，家给人足，全靠务农。纵使珠玉遍地，也不能解除饥寒。”唐太宗本人也表示自己每吃饭就想到耕田的艰难，每穿衣便想到纺织的辛苦。

唐太宗不仅认识到重农恤民的重要性，而且采取了一系列的具体措施，这主要表现在禁止王公奢靡、戒兴宫殿诸方面。

唐太宗即位后，所住的宫殿还是隋朝时建造的，已经破烂不堪。原打算建造一殿，材木已具，但一想起秦始皇四处营造宫室导致民反的前车之鉴，便不准备兴建了。当时唐太宗患有“气疾”，不适应潮湿环境，因而公卿奏请建一所楼阁去居住，唐太宗道：“朕有气疾，岂宜下湿？若遂来请，靡费良多，而所费过之，岂为人父母之道也？”虽然大臣们再三请求，唐太宗依然不许。

贞观四年（630年），他又对大臣们说：“建造装饰高大的宫殿楼宇，游玩观赏池台，帝王是愿意干的，但百姓却不想。劳弊之事，诚不可施于百姓。”贞观前期，唐太宗基本上没有大兴土木。贞观十一年（637年）洛阳大水，把百姓的房屋冲毁了，唐太宗还下令拆掉洛阳的一些宫殿，将木材分给百姓整修居室。

为了清除王公的奢侈行为，唐太宗在贞观元年（627年）便下令：“自王公以下，第宅、车服、婚嫁、丧葬，其标准与其品秩不相符的，一律禁止。”限制王公贵戚过分奢侈。贞观十一年（637年），针对勋戚之家“以侈靡而伤风，以厚葬为奉终”的情况，还特地下发了一道《戒厚葬诏》的命令，违者“随状科罪”。由于唐太宗的提倡和限制，贞观年间的“风俗简朴，财帛富饶，衣无锦绣，无饥寒之弊”。

认真落实均田制，奖励垦荒是唐太宗重家恤民政策的重要部分。隋末战乱后，大量无主荒地在一些地区出现。唐高祖武德七年（624年）虽颁布了均田令，力图劝民归田，但此后一段时间皇室内争权激烈，加上时间太短，均田令的贯彻效果不是很好，唐太宗即位后才切实地推行。唐太宗的影响使地方官认真落实均田令，并打击违令占田的恶霸官僚。贞观初，长孙顺德出任泽州刺史，发现前任刺史张长贵、赵士达非法占境内膏腴之

田数十顷，他上奏弹劾了这两人的罪状，并按均田令将这些土地全部分给缺少土地的农民。

贞观二年（628年），由于旱灾严重，关内饥荒肆虐，百姓大多卖儿卖女换取食物。为了帮百姓赎回他们的子女，唐太宗下令动用了皇室府库中的金银钱财，并将赎回的子女送到他们父母那里，并下诏大赦天下。诏令还说："假如天下安定、五谷丰登，即使将百姓所受的灾害移到朕身上来也心甘情愿，绝不后悔。"此时正好旱区降雨，百姓大为高兴。

夏季，四月初三，唐太宗下诏："隋朝末年天下大乱，造成饥荒，白骨遍地，使人触目伤悲，命令各地官府将尸骨全部妥善安葬。"一进六月，关中地区春旱之后又闹蝗灾。唐太宗心急如焚，走出玄武门来到宫城北的禁苑，立即捉了几只蝗虫，向苍天默默祷告后，对蝗虫说："人民靠谷子来维持生命，你将谷苗食掉，百姓还怎么活，与其如此，还不如让我的肺肠被你吃掉。"说罢就要生吞蝗虫。身边的随从连忙谏阻："陛下千万不可，吃这种脏东西可能要生重病。"唐太宗断然答道："朕要替百姓受灾，这有什么可怕的！"遂将虫吞下。据记载，这一年关中蝗灾果然不严重。当然，蝗虫没有成大灾和唐太宗生吃蝗虫根本没有必然联系。从表面上看，雄才大略的唐太宗做这种事未免过于荒唐，他的真实意图或许是出于收买民心而做的政治表演，但不管怎么说，作为一个皇帝而能做到这一点，不能不说这的确是重农恤民了。

"贞观之治"的主要内容在轻徭薄赋，这主要是汲取隋炀帝徭役时不时征发、战事经常的教训而确定的。除去前面所说为的去奢省费，在限制役使民力方面，唐太宗还制定了法律。《唐律》中明确规定："修城郭、筑堤防、兴起人功，有所营造，依《营缮令》，计人功多少，申尚书省，听报如合役功。或不言上及不待报，各计所役人庸，坐赃论减一等。”

唐太宗一面促进生产，一面去奢省费，使民衣食有余。其核心是与民休息，不违农时，这体现的正是用稳定环境而求得统治的施政总方针。贞观五年（631年）年底，与民休息被唐太宗提到治国方略的高度，他还用养病来做生动的比喻，说：“治国如治病，病虽然好了，也还需好好护理，倘遽自放纵，疾病复发，就无药可救了。”经历了隋末丧乱而创建的政权，犹如久病初愈，只有全心全意地护养才能康复强盛起来。

唐初恢复发展农业生产，劳动力不足也成为制约国家发展的重要因素。隋代极盛时，全国户数近九百万，贞观初期突然下降到不足三百万。为了尽快使农业劳动力有所增加，唐太宗千方百计增加人口。首先，他招、赎隋末战乱时流落到边境的汉人。武德九年（626年）九月，突厥颉利汗送给刚即位的唐太宗羊万头、马三千匹，可他拒绝接受羊、马，想要回被他们掠去的汉族户口。贞观三年（629年）据户部统计，从塞外回归以及突厥前后内附等的汉人达一百二十万余口。贞观四年（630年）东突厥颉利汗降唐，次年，唐太宗从突厥那里用金帛赎回汉人男女八万口，全部归还了他们家人。直到贞观二十一年（647年），唐太宗还派使者用财物去赎被外族掠去边地的汉人。这在一定程度上缓解了中原地区劳动力缺乏的问题。

唐太宗还大力奖励男女及时嫁娶，对于鳏寡婚配大力提倡，以达到人口增值的目的。贞观元年（627年）所颁布的《令有司劝勉民间嫁娶诏》中规定：“法定的婚龄是男二十岁，女十五岁，应及时嫁娶；鳏夫、寡妇守丧期已过的，也要婚配。”为了及时保证男女嫁娶，诏令还责成乡里富有之家要对因贫困而不能嫁娶的人家给予金钱资助。还把婚姻及时与户口增加作为考核地方官的依据。刺史、县令以下官员，若能使民按时婚配，减少鳏寡，增多户口，考绩等级就可以提高；如劝导乖方，不能及时配偶，户口减少，降低考绩等级。这对于提高地方官执行诏书中各项政策的积极性当然有一定作用。唐太宗还特别以物质鼓励生育男口，如贞观三年（629年）下诏说：“妇人在正月里生男孩的，赐粟一石。”

唐太宗还两次释放宫女。武德九年（626年）八月放宫女三千人。贞观二年（628年）九月，又派杜正伦、戴胄释放了一部分。唐太宗对大臣们说：“妇女们被幽闭在深宫中，实在是可怜。隋朝末年，不停采选，连根本不去的离宫，也多聚宫人，朕绝不做这种竭人财力的事情。况且宫女除洒扫之外，并没有什么作用。现在放她们出宫，任由她们结婚嫁人，不仅能节省国家财力，而且还能增殖人口。”这番话道出了他如此而行的目的。唐太宗经常派遣使者巡视各地，对地方官吏进行考察，并劝说重农种桑养蚕。他告诫使者，当“遣官人就田陇间劝励，不得令有送迎，多废农时”。为了不误农时，唐太宗还这样在法律中规定：“诸非时兴造及杂徭役，十庸以上坐赃论。”以此防止非时调用民工，对季节性很强的农业生产是很有利的。唐太宗不违农时是因为他重视农业生产，因为农忙动工，非时兴造，耽误农时。更难能可贵的是唐太宗能严于律己，贞观五年（631年），发生了皇家举行礼仪恰与农时冲突的巧合事件。当时礼官上奏，二月是皇太子行冠礼（古代男子成年时举行的礼仪）的黄道吉日，请征调作仪仗队的府兵。唐太宗道：“现在正是春天耕种的农忙季节，怕妨碍了农忙，可改在十月农闲举行。”太子少保萧瑀劝道，根据阴阳理论，还是在二月举行为好。唐太宗认为，凶与吉是因人而定，并非阴阳拘忌。只要行为合乎正道，自然就会大吉，并断然地说：“农时很重要，千万不可以轻易错过！”皇太子冠礼在当时来说是皇家的一件大事，唐太宗宁愿委屈自己也不耽误农时，足见他对农业生产的重视。

唐太宗的重农恤民还表现在他不实行过头的储粮于官，而实行藏富于民的政策。贞观二年（628年），黄门侍郎王珪批评隋文帝不怜百姓而惜仓库的错误做法，唐太宗道：“开皇十四年（594年）大旱，人多饥乏，仓库中粮食堆积成山，但文帝竟然不许赈济，而令百姓到山东去流浪就食。到文帝晚年，仓库中存储了可供五六十年用的粮食。炀帝恃此富饶，奢侈腐化，遂致灭亡。由此可见，治理国家要藏富于民。古人曰：‘百姓不足，君孰与足。’就算仓库中积累了可备多年使用的粮食，多余又有何用！后代若贤明，天下自然不会流失；如果是不肖，仓库多积，只会增加奢侈，反而会导致国家灭亡。”从隋文帝不怜百姓而惜仓库，到隋炀帝竭泽而渔，横征暴敛，转变为唐太宗轻徭薄赋，藏富于民，可见吸取了隋末农民大起义的经验教训后，唐初赋敛政策发生了很大的变化。

此外，兴修水利，设置“义仓”，救灾备荒，也是唐太宗重农恤民采取的具体措施。贞观二年（628年）春，尚书左丞戴胄建议参照隋朝的社仓制度，在各地设置“义仓”防备粮荒。唐太宗认为非常必要，下诏规定：自王公以下，每亩征税二升；商贾无田者，户分九等，纳粟分别自五石至五斗不等；义仓粮食，无灾则借贷民户作种子，有灾则可用于赈民。自此以后，州、县普遍设置义仓，专用于备荒，不可随意挪用。唐太宗还声明，义仓虽由官府掌管，但属于为百姓度荒年而作的储备，并非横征赋敛。

唐太宗从各方面推行重农恤民政策，隋末社会各方面凋零的现象不复存在，经济得到迅速的恢复和发展。首先恢复和发展的是京畿地区，贞观三至四年（629—630年），关中丰收，流散人口纷纷回乡；但关东广大地区，还是人烟稀少、不闻鸡犬的凋敝景象。到贞观六至七年（632—633年）雨顺风调，频致丰稔，关东普遍恢复和发展起来，昔日凋残破乱的面貌荡然无存："行旅自京师至于岭表，自山东至于沧海，皆不赍粮，取给于路。入山东村落，经过行客者，必厚加供待，或发时有赠遗，都是古今未见的。"贞观八年、九年、十三年、十四年、十五年、十六年（634、635、639、640、641、642年），这些年粮食都获丰收。德宗时，宰相杜佑这样总结这段历史："自贞观以后，唐太宗励精图治。至八年、九年（634、635年），频至丰稔，米斗四五钱，到处都是马牛，户门数月都不用关闭。至十五年（641年），米每斗值两钱。"

中国封建王朝历来的经济特征是"重农抑商"，商业在国民经济中所占的比重相当低。再有"士农工商"之传统，商人的地位也因之比农人要低好几个档次。这是中国的封建经济一直得不到实质性发展的主要原因。

贞观王朝是中国历史上少有的不歧视商业的封建王朝，不但不歧视，还给商业发展提供了许多便利条件，这进一步地体现了李世民目光长远。在李世民政府的倡导下，贞观王朝的商业经济有了迅速和长足地进展，新兴的商业城市像雨后春笋般兴起。当时世界出名的商业城市，有一半以上集中在中国。除了沿海的交州、广州、明州、福州外，还有内陆的洪州（今江西省南昌市）、扬州、益州（今四川省成都市）和西北的沙州、凉州。首都长安和陪都洛阳则是世界性的大都会。

自汉开辟的“丝绸之路”一直是联系东西方物质文明的纽带，唐朝疆域辽阔，在西域设立了安西四镇，西部边界直达中亚的石国（今属哈萨克斯坦），为东西方来往的商旅提供了安定的社会秩序和有效的安全保障，结果丝绸之路上的商旅不绝于途，品种繁多的大宗货物在东西方世界往来传递，使丝绸之路成了整个世界的黄金走廊。

贞观年间，在文化方面也有空前的发展，自李渊起，就极为重视藏书事业。武德三年（620年），收洛阳“观文殿”“修文殿”等处书籍、文物，有书八万余卷。贞观初，诏令在全国范围内收集图籍，在弘文殿聚四部群书二十余万卷，在弘文殿旁建“弘文馆”以储图籍，并任命虞世南、褚无量、姚思廉、欧阳询等充任学士，以魏徵、虞世南、颜师古等著名学者、硕学之士相继为秘书监，主管国家的图书馆和藏书事业，选五品以上工书者为书手，又在弘文馆设立检校馆藏的官员，将缮写、整理、校勘图书，藏于内库，以宫人掌管。官府藏书机构除“弘文馆”外，另有“史馆”“司经局”“秘书省”和“崇文馆”等，其藏书质量和数量远远超过前代，史称“群书大备”。

唐高祖李渊即皇帝位后，于武德元年（618年）五月诏令设置国子、太学、四门生，合300余员，郡县学亦各置生员。武德七年（625年），唐高祖诏令州、县、乡皆设置学校，有明一经以上者，咸以名闻。高祖亲自到国子学，释奠先圣、先师，诏令王公子弟各就学校。

唐太宗即位后，对学校教育更加重视，学校教育制度日趋完备，中央、州、县三级学校均已具备相当的规模。中央的学校是国子监，亦称

国学。唐高祖武德年间，国学已增筑学舍400余间。唐太宗即位后亦多次到国学视察，令国子祭酒、司业、博士讲论，赐以束帛，“四方儒生负书而至者盖以千数”。贞观六年（632年），国子监作为全国最高学府，下属的学校除隋时已设置的国子学、太学、四门学、书学、算学之外，又增设律学。上述六种学校的学生人数分别达到300、500、1300、50、30、30人不等。前三种学校分别接纳三品、五品、七品以上官员的子弟入学，后三种学校录取八品以下的官吏及一般地主家庭的子弟。据《通典》卷五三记载：“贞观五年，唐太宗数幸国学，遂增筑学舍千二百间。国学、太学、四门亦增生员，其书、算各置博士，凡三千二百六十员。其屯营飞骑亦给博士，授以经业。无何高丽、百济、新罗、高昌、吐蕃诸国酋长，亦遣子弟请入国学之内八千余人，国学之盛，近古未有。”

当时在国学之内，来自四方的儒者数以千计，连同四周各国派来的留学生，“于是国学之内，鼓箧升讲筵者，几至万人，儒学之兴，古昔未有也”。

国学的组织机构是，国子监作为国家的教育行政领导机构，置祭酒一员，总管国家的教育事业，同司业二员一道，是国学最高的正副学官，掌管邦国儒学训导之政令。国学的六种学校中，还设有博士、助教多人，负责日常的教学工作。例如：经学大师孔颖达于贞观六年（632年）召为国子司业，贞观十二年（638年）拜为国子祭酒，于国子监任职长达十余年之久。其他如国子博士马嘉运、太学博士王恭、国子助教司马才章等，都是著名的经学家，在孔颖达的主持下参加过《五经正义》的撰写工作。

如果说国学的教师都是当时的经师的话，那么国学中的主要课程则是经书。除了《论语》《孝经》等必修课程外，还有大经（《礼记》和《左传》），中经（《毛诗》《周礼》和《仪礼》），小经（《周易》《尚书》《公羊传》《谷梁传》），统称为“九经”。

州、县所设立的官办学校分为三等，上郡学生60员，中下郡各50员；上县学生40员，中县30员，下县20员。在州县学校中成绩优良者，可由地方官保送参加常举考试，考试合格后送中央参加常举考试，合格者可获得做官的候补资格。贞观六年（632年），唐太宗还诏令“诸州置医学”，设医药博士一人，教授学生，对各地医学教育事业的发展起到了一定的积极作用。

在中央除了国学六种（国子学、太学、四门学、书学、算学、律学）的中央官学系统外，贞观元年（627年）所设置的弘文馆、贞观十三年（639年）在东宫所设置的崇贤馆，也都教授生徒，从而形成了以“六学二馆”为代表的官学体系。此外，在屯营、飞骑等军事建置中，也设置博士教育学生。当时，高昌、吐蕃、高丽、百济、新罗以及日本也派遣子弟前来长安求学，盛况空前。

国子监作为总管国家教育事业的最高行政机构，它在隋唐时期的出现，标志着在中国历史上于中央政府中首次设立了专门的教育行政部门，体现了国家对教育事业的重视和教育事业所处的地位，是中国教育史上的一件大事。

同唐初兴办各级学校以及教育制度、课程设置相联系的，是唐太宗对科举制度的重视。唐初重视科举的直接目的，是为国家的各级政权机关选拔合乎规格的人才，特别是选择那些经过一段时间的实践，能够在国家政权机关中担任重要职务的英才。

唐初选官途径，除令州县推荐外，科举亦是重要途径之一。隋王朝建立后，废除九品中正选官制度，创立科举选官制度。唐太宗继承并发展隋朝科举制度，使科举制度日趋健全，终于使科举和恩荫、杂色人流并列为选拔官吏的三种主要途径之一，从而扩大了庶族地主参政的机会。这是唐太宗用人制度改革的重要内容之一。

贞观年间科举考试的常试考试科目有秀才、进士、明经、明法、明书、明算六科。其中，秀才科为最高科等，应试者需要熟悉经史，精通治国方略，因而敢于应试秀才科的士子不多。明法、明书、明算三科考试专门学问，及第后从事专门工作，很少有机会进入政界担任高级官吏，况且录取人数较少，应考的士子也很少。因此，士子大多报考明经和进士两科，特别是进士科尤为热门，因为一旦录取，便取得了候补官员的资格。

明经科考试主要考“九经”。唐初，明经按照经书的章疏试策。进士科在唐初考试时务策五道，当时衡量策文的标准，主要是看文章的词华。明法科考试律、令各一部。所试律令，每部十帖，策试十条。明书科考试《说文》《字林》，帖式、口试并通，要求通训诂，兼会杂体。明算科考试《九章算术》《海岛算经》《周髀算经》等十部算经，要求明数造术，辨明术理。

唐初应试的士子有生徒和乡贡。生徒是指国子监所统的国子学、太学、四门学、律学、书学和算学的学生，还有在弘文馆、崇文馆学习的皇亲、贵族子弟。他们学习两部儒家经典，期满考试合格后由馆监举送到尚书省参加各科考试。乡贡是指不在馆内学习的举子，经县、州逐级考试合格，由州府举送到尚书省参加常科考试。

考试的主持单位是吏部考功司，主持人是吏部考功员外郎。报名考试日期由每年十一月到次年春三月。为方便考生，除京城长安外，又在东都洛阳设考场，以方便关东举子参加科举，称为“东选”。考试纪律颇严，为防止举子挟带经籍书策入场，进入试场时要进行搜身。考试时间是从清晨日出时起，一直延续到夜间，因而入场时可携带水、炭、餐器以及蜡烛等。考试成绩在尚书省唱第公布，合格者即被录取，称为及第。同时，又张榜公布，第一名（即状元）名列前面，称为榜头。及第的进士要参谒宰相，然后还要举行各种聚会。

明经、进士两科考试及第，只是获得了做官的资格。要获得官职，还要到吏部参加复试，复试内容亦为经史之类。为此，贞观八年（634年）颁发了“进士试读一部经史”的诏令。复试通过后，即获得了到吏部参选的资格。

进士科考试录取者百分之一二，明经科考试录取者十分之一二。唐初40年间，科举录取人数只有290人。由于录取人数甚少，因而老年中榜、终生未中、老死科场者大有人在，故有“三十老明经，五十少进士”的谚语。同书还引唐代诗人赵嘏诗句：“太宗皇帝真长策，赚得英雄尽白头。”

贞观年间录取的进士人数虽然不多，但同九品中正制度相比，它有利于从庶族地主乃至于平民百姓中选拔人才，补充官员，对于巩固中央集权的封建专制制度是有积极作用的。唐太宗健全科举制度，为庶族地主参与国家政权开辟了宽阔的道路。当时，唐太宗在金殿端门俯视新科进士鱼贯而出的盛况，得意地说道：“天下英雄，入吾彀中矣。”唐太宗对及第进士很是关心。贞观二十二年（648年），考功员外郎王师旦主持进士复试，进士张昌龄，王公谨在考试中“文策全下”，因而落第不报。张、王两人由于“并有俊才，声震京邑”，唐太宗亦有耳闻。金榜公布后，唐太宗见榜上没有张昌龄、王公谨的名字，感到很奇怪，急忙问王师旦是何缘故。王师旦向唐太宗答对说：“此辈诚有文章，然其体性轻薄，文章浮艳，必不成令器。臣若擢之，恐后生相效，有变陛下风雅。”在科举制度之下，一大批庶族地主出身的人经科举而入仕朝廷，官至宰相。

## 鉴古设馆，兴礼修志

纵观贞观年间唐太宗实行文治的种种举措，几乎无不与总结历史经验相联系。历代王朝特别是秦、隋二朝兴衰得失的无数事例，给唐太宗以启发和警示，促成他为大唐帝国制定了一系列合乎实际的方针政策，避免了诸多失误，从而成就了“贞观之治”。自李世民于武德四年（621年）设立文学馆、即皇帝位后立即设立弘文馆（626年）以来，常常是夜读史书，“或夜分乃寝”“中宵不寐”。唐太宗夜读史书，主要不是学习以往帝王们驾驭群臣之术，而是从历代的兴亡得失之中总结正反两方面的经验，用来治理他所统治的国家，实现国泰民安。贞观十七年（643年）正月，魏徵卒，唐太宗亲自撰写碑文，并对侍臣说：“人以铜为镜，可以正衣冠；以古为镜，可以见兴替；以人为镜，可以知得失。魏徵殁逝，朕亡一镜矣！”所谓“以古为镜，可以见兴替”，正是他对自己以史为鉴、通过总结历史经验来制定治国方针政策、治理国家这一实践的总结，这也就是他在《帝范序》中所说的：“所以披镜前踪，博采史籍，聚其要言，以为近诫云尔。”

唐太宗酷爱史书，读史成癖，这在史书中多有记载。黄门侍郎刘洎称唐太宗“听朝之隙，引见群官，降以温颜，访以今古”。对于弘文馆学士虞世南，“唐太宗重其博识，每机务之隙，引之谈论，共观经史。……每论及古先帝王为政得失，必存规讽，多所补益。唐太宗尝谓侍臣曰：‘朕因暇日与虞世南商略古今，有一言之失，未尝不怅恨，其恳诚若此，朕用嘉焉。群臣皆若世南，天下何忧不理。’”。中书侍郎岑文本在上疏中称：“伏惟陛下览古今之事，察安危之机，上以社稷为重，下以亿兆为念。”正是对唐太宗以史为鉴、以史辅治的概括。

为配合以史为鉴、励精图治的需要，唐太宗“欲知前世得失”，诏令魏徵、虞世南、褚亮以及萧德言等人“裒次经史百氏帝王所以兴衰者上之”，删编成“百代帝王所以兴衰者”节本。唐太宗“爱其书博而要，曰：‘使我稽古临事不惑者，公等力也！’赉赐尤渥。”

唐太宗重视以史为鉴，还见于他对臣下们的自我表白。贞观十四年（640年），唐太宗对房玄龄道：“朕每观前代史书，彰善瘅恶，足为将来规诫。”在《答魏徵上群书理要手诏》中，唐太宗道：“朕所览书，博而且要，见所未见，闻所未闻，使朕致治。”在《金镜》中，唐太宗总结他即位以来的以史为鉴，说道：“朕以万机暇日，游心前史。仰六代之高风，观百王之遗迹，兴亡之运，可得言矣。每至轩昊之无为，唐虞之至治，未尝不留连赞咏，不能已矣。及于夏殷末世，秦汉暴君，使人懔懔然，兢惧如履朽薄然。”这些表白说明，唐太宗的以史为鉴，其最终目的只有一个，那就是借此以治理好他所统治的国家。

贞观年间，以史为鉴不只是唐太宗的个人意志，亦是唐初最高统治集团的共识。以魏徵为代表的一些朝廷大臣，每每以隋亡为鉴，就治国的方针大计与军国大事提出自己的意见或劝谏君王，事例不胜枚举。唐太宗在位时期，皇帝、大臣以及君臣之间，他们在就国家政事发表自己意见或进行讨论时，常常是通过总结历史经验、以史为鉴来作为立论的根据，可谓唐初政治生活中的一大特色，是中国封建时代任何一个王朝所无法比拟的。

唐太宗和他的大臣们如此重视“以古为镜”，这显然是与隋王朝二世而亡的历史背景联系在一起的。隋王朝统一天下，国家富庶强盛，据说国家储备的粮食可供50年食用。然而，隋炀帝继位不到13年，王朝便短命而亡。这个事实，是唐太宗和他的大臣们亲眼所见。这件事在他们的头脑中所留下的印象和引起的震动可以说是太深刻、太强烈了，这怎能不引起他们的再三思考呢？他们时时“以古为镜”，显然是同这一历史条件联系在一起的。唐太宗所说的“隋炀帝富有四海，既骄且逸，一朝而败”，魏徵所说的“昔在有隋，统一寰宇，甲兵强锐，三十余年，风行万里，威动殊俗，一旦举而弃之，尽为他人之有”，都是说强盛的隋王朝短命而亡的事实，是唐初君臣们以史为鉴的直接动因。

唐太宗所说的“以古为镜”，当然首先是以隋亡为鉴。武德四年（621年）五月，李世民率东征大军俘获窦建德，王世充被迫投降，唐军开入洛阳宫城。当时，李世民面对隋王朝的宫殿，感叹地说："逞侈心，穷人欲，无亡得乎！"于是下令"撤端门楼，焚乾阳殿，毁则天门及阙，废诸道场，城中僧尼留有名德者各三十人，余皆返初"。李世民在他西取长安、平定天下而转战各地时，目睹了隋王朝因炀帝奢侈暴虐而亡的无数事实，使得他即皇帝位后仍一再谈及此事。据《贞观政要·行幸》记载：

贞观初年，唐太宗对他的侍臣们道：

隋炀帝广造宫室，以肆行幸。自西京至东都，离宫别馆，相望道次，乃至并州、涿郡，无不悉然。驰道皆广数百步，种树以饰其旁，人力不堪，相聚为贼。逮至末年，尺土一人，非复己有。以此观之，广宫室、好行幸，竟有何益！此亦朕耳所闻，目所见，深以自诫，故不敢轻用人力，惟令百姓安静，不有怨叛而已。

贞观十一年，唐太宗幸洛阳宫，泛舟于积翠池，顾谓侍臣曰：

此宫观台沼，并炀帝所为，所谓驱役生人，穷此雕丽，复不能守此一都，以万人为虑，好行幸不息，人所不堪。……遂使天下怨叛，身死国灭，今其宫苑尽为我有。

贞观十三年，唐太宗谓魏徵等曰：

隋炀帝承文帝余业，海内殷阜。若能常处关中，岂有倾败？遂不顾百姓，行幸无期……身戮国灭，为天下笑。

贞观二年，唐太宗对侍臣道：

卿等岂不见隋主为君，不恤民事，君臣失道，民叛国亡，公卿贵臣，暴骸原野，毒流百姓，祸及其身？朕每念及于斯，未尝不忘寝辍食，所以师古作法，不敢任情。

可见，唐太宗对隋王朝短命而亡的感受是何等之深。

唐太宗君臣们由以隋亡为鉴发展到“以古为镜”“鉴前王之得失”。除了以隋亡为鉴外，还有对秦王朝的二世而亡以及对汉初文景之治的经验总结。

秦、隋的统一天下，两大帝国的一时强盛以及二世短命而亡，有着极为相似的情形。因而唐太宗在以隋亡为鉴的同时，自然要探讨秦王朝二世而亡的教训。他时常把秦王朝与隋王朝两相比较，探求其短命而亡的过程与原因，借以总结教训。他说：

“秦始皇初平六国，据有四海，及末年不能善守，实为可诫。

“秦始皇，亦是英雄之主，平定六国，以后才免其身，至子便失其国。……朕为此不得不惧。秦之胡亥，始皇所爱，赵高所傅，教以刑法。及其篡也，诛功臣，杀亲戚，酷烈不已，旋踵而亡。（隋文帝）性至察而心不明。夫心暗则照有不通；至察则多疑于物。又欺孤儿寡妇，以得天下。……朝臣既知其意，亦不敢直言。宰相以下，惟即承顺而已。

“向使隋主早悟，亦当不至于灭。前事不远，朕与公辈当思自勉。”

在唐太宗看来，秦王朝的短命而亡，始自始皇，成于二世，这与隋王朝的短命而亡，始自文帝，成于炀帝，亦有着相似的情形。

正如魏徵所说：“隋之得失存亡，大较与秦相类。”而贞观二年（628年）唐太宗对黄门侍郎王珪的一段话，揭示了隋王朝灭亡始自文帝、成于炀帝的过程。他说：“隋开皇十四年大旱，人多饥乏。是时，仓库盈溢，竟不许赈给，乃令百姓逐粮。隋文帝不怜百姓而惜仓库，比至末年，计天下储积，得供五六十年。炀帝恃此富饶，所以奢华无道，遂至灭亡。炀帝失国，亦此之由。”

唐太宗以史为鉴，主要是对秦、隋尤其是从隋朝的二世而亡中吸取教训，从反面警戒自己，从而避免施政方针和政策上的失误。正如他自己所言：“朕昨览《帝系略》，有八十余君，亡国丧身者多，兴邦利物者少。”而从历史上吸取正面的成功经验，则见于他对汉初高祖、文帝及其施政方针的称赞。他于贞观十一年（637年）对高士廉说：“昔汉高祖止是山东一匹夫，以其平定天下，主尊臣贵。卿等读书，见其行迹，至今以为美谈，心怀敬重。”贞观二年（628年）八月，公卿们以“宫中卑湿”为由，奏“请营一阁以居之”。唐太宗回答说：“昔汉文帝将起露台，而惜十家之产。朕德不逮于汉帝，而所费过之，岂谓为民父母之道也。”终于没有允许为他营建楼阁。

贞观十一年（637年），魏徵等大臣鉴于唐太宗“欲善之志不及于昔时”以及“游猎太频”，主张鼓励臣下上疏言事，唐太宗首肯，于是侍御史马周上疏，以“汉之文景恭俭养民”进行劝谏。上疏说：“昔汉之文、景恭俭养民，武帝承其丰富之资，故能穷奢极欲而不至于乱。曏使高祖之后即传武帝，汉室安得久存乎！”唐太宗及其大臣们之所以对汉初的“文景之治”感兴趣，是为了成就唐初的“贞观之治”。

唐太宗深知他与大臣们的“以古为镜”，是不难做到的。而继嗣之君和功臣后代，他们没有经历过动乱的年代，生长于富贵之乡，对民间疾苦缺少体察。因此，唐太宗认识到对后代进行历史知识、以史为鉴的教育，是关系到唐王朝能否实现长治久安的大问题。他有鉴于“历观前代拨乱创业之主，生长人间，皆识达情伪，罕至于败亡。逮乎继世守文之君，生而富贵，不知疾苦，动至夷灭”。又鉴于“功臣子弟，多无才行，藉祖、父资荫，遂处大官，德义不修，奢侈是好。主既幼弱，臣又不才，颠而不扶，岂能无乱”。为此，唐太宗于贞观七年（633年）对侍中魏徵说：“自古侯王能自保全者甚少，皆由生长富贵，好尚骄逸，多不解亲君子、远小人故尔。朕所有子弟，欲使见前言往行，冀其以为规范。”

为达此目的，唐太宗命魏徵“录古来帝王子弟成败事”，编纂《自古诸侯王善恶录》，用以赐予诸王阅读。书成后，魏徵亲自撰写序言，序言中有：“子孙继体，多属隆平。生自深宫之中，长居妇人之手，不以高危为忧惧，岂知稼穑之艰难。昵近小人，疏远君子，……垂为炯戒，可不惜乎！”唐太宗在读过《自古诸侯王善恶录》后，称赞编得很好，令诸王“置于座右，用为立身之本”。唐太宗晚年为太子所编写的《帝范》一书，亦强调要“以古为镜”，并在该书序言中告诫道：“自轩、昊以降，迄至周、隋，以经天纬地之君，纂业承基之主，兴亡治乱，其道焕焉，所以披镜前踪，博览史籍，聚其要言，以为近诫云耳。”

希图国君和功臣的后代，都能做到以古为镜，并为此采取相应的措施，体现了唐太宗的深谋远虑。从整体上看，他的“以古为镜”确实收到了良好的预期效果。然而，在个别问题上，唐太宗的总结历史经验也有过失误。在朝廷大臣关于分封的争论中，他站在萧瑀错误主张的立场之上，不顾魏徵、李百药、长孙无忌等人的反对，企图分封诸侯，实行世袭刺史制，认为如此便可以实现国祚长久，避免像秦朝那样二世而亡。这同汉高祖错误地总结历史经验、“惩亡秦孤立之败”而大封同姓诸侯王，有着极为相似的情形。然而，历史早已证明：汉高祖分封同姓诸侯王，导致了吴楚“七国之乱”。唐太宗站在萧瑀一方，岂不是要重蹈历史的覆辙？

在是否实行分封的问题上，唐太宗困惑了十余年。直到贞观十一年（637年）诏令以长孙无忌、房玄龄等功臣为“世袭刺史”时，在长孙无忌等大臣的坚决反对下，唐太宗才收回成命，从而避免了一次严重的失误。唐太宗收回成命，除了大臣们的坚决反对之外，另一个重要原因很可能是对汉初分封与七国之乱的历史教训已有所认识。重视总结汉初历史经验的唐太宗，对吴楚七国之乱的事实和教训，不会不知道，也不可能不有所思考。总之，世袭刺史制并没有付诸施行。

唐太宗在“以古为镜”、总结历史经验方面，虽然在是否实行分封的问题上，在认识上有过困惑，但毕竟没有成为事实，而且又不是问题的主要方面。

同唐太宗重视以史为鉴相联系的，是贞观年间出现了前所未见的修史盛况，成绩蔚然大观。历代的二十五部“正史”，有八部正史成于贞观年间。除《南史》《北史》是由李延寿父子私家修撰外，其余六部即《北齐书》《周书》《梁书》《陈书》《隋书》《晋书》，都是由唐太宗诏令史馆官修而成。

早在唐高祖武德五年（622年），秘书丞令狐德棻向高祖建议修前代史书，理由是“近代以来，多无正史”，文籍“至周、隋遭大业离乱，多有遗阙。当今耳目犹接，尚有可凭。如更数十年后，恐事迹湮没。……如文史不存，何以贻鉴今古”。唐高祖采纳这一建议，下诏书命中书令萧瑀等人分工撰写六代史书，要求“务加详核，博采旧闻，义在不刊，书法无隐”。这项工作，直到玄武门事变发生时尚远未完成。

贞观三年（629年），唐太宗重新下诏修六代史，因“《魏史》既有魏收、魏澹二家，已为详备，遂不复修”。于是“令德棻与秘书郎岑文本修周史，中书舍人李百药修齐史，著作郎姚思谦修梁、陈史，秘书监魏徵修隋史，与尚书左仆射房玄龄总监诸代史，……德棻仍总知类会梁、陈、齐、隋诸史。……寻有诏改撰《晋书》，房玄龄奏德棻预修撰，当时同修一十八人，并推德棻为首，其体制多取决焉”。这次诏令分工修史，房玄龄是名义上的总监，实际上的总监是魏徵，他“总知其务，凡有赞论，徵多预焉”“《隋史》序论，皆徵所作，梁、陈、齐各为总论”。在有关修史体制等诸多具体问题上，多取决于令狐德棻。

贞观三年（629年）闰十二月，移史馆于禁中，在门下省北，由宰相监修国史。自是著作郎始罢史职。从此，这种由国家设馆修史、由宰相监修国史在我国遂成为一种定制，历代相袭，直至清朝。

《梁书》与《陈书》的作者姚思谦，他撰写二书实际上是在他父亲姚察（曾任陈朝吏部尚书，隋朝秘书丞）的旧稿基础上完成的，实际上是姚

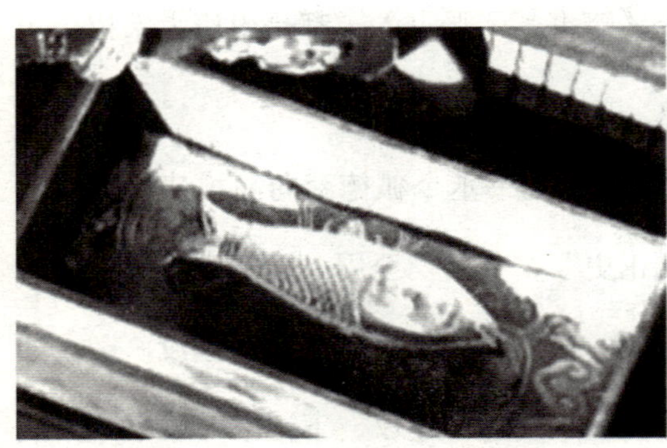
《贞观之治》中鱼符

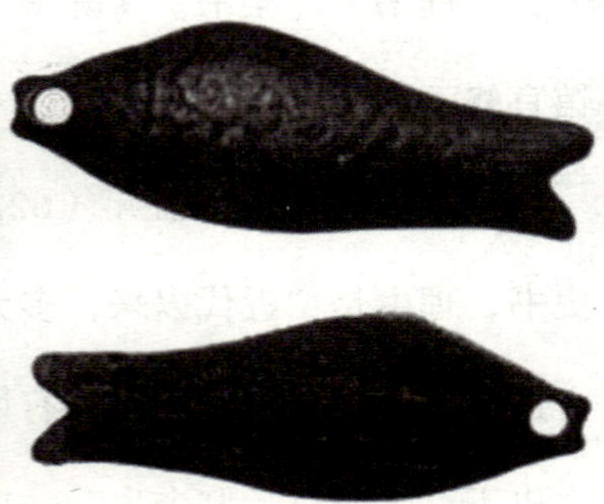
出土的唐代鱼符实物

氏父子共同的著述。

《齐书》的作者李百药，其父李德林曾在北齐、北周、隋三朝任职，奉诏撰写《齐书》27卷，增多齐史38篇。贞观年间，敕令李德林之子李百药“仍其旧录，杂采他篇，演为50卷”，包括东魏和北齐两朝历史。后人为区别于萧子显的《齐书》，称之为《北齐书》。

《周书》的主编为令狐德棻，参编者有岑文本、崔仁师，史论部分多出自岑文本之手。

《隋书》的主编为魏徵，参编人员有颜师古、孔颖达、许敬宗等人。

上述五代史的作者中，魏徵长于史论；姚、李长于文史，且有家学传承；令狐德棻长于史例，各自发挥了自己的优长。

五代史只有纪、传而无志。贞观十七年（643年），唐太宗诏令褚遂良监修《五代史志》，直到高宗显庆元年（656年）成书，参加撰写的人员有于志宁、李淳风、韦安仁、李延寿等专家学者。《五代史志》所取得的成就是多方面的，具有很高的学术价值，是“正史”中书志编纂的里程碑，为此后独立的典制体史书的问世准备了条件。

贞观二十年（646年），唐太宗下《修晋书诏》。因为从东晋到南北朝时期，修撰晋史者有20余家，唐初尚有18家，“制作虽多，未能尽善”，被唐太宗认为是“虽存记注，而才非良史，事亏实录”。而重修《晋书》的目的是“发挥文字之本，通达书契之源。大矣哉，盖史籍之为用也”。同时，唐太宗又说：“若少学士，亦量事追取”，因而参加重修《晋书》的竟有21人之多，由太子太傅房玄龄、黄门侍郎褚遂良、中书侍郎许敬宗三人任监修，凡例由敬播负责，令狐德棻、李淳风、李义府、李延寿等专家学者18人参加修撰。《史通·正史》称《晋书》的修撰是“采正典与旧说数十余部，兼引伪史十六国书”，“正典”与“旧说”是其主要资料来源。《晋书》是唐史馆集体修撰的一部史书，由于唐太宗的重视和修撰人员较多，经过两年多的时间即成书，共130卷。唐太宗为宣帝、武帝、陆机、王羲之的纪传写了史论，因而《晋书》旧本题为“御撰”，因房玄龄为监修官，也有旧题为房玄龄撰，实际上是集体修撰。

唐太宗除重视编纂前代历史外，又十分重视对当代历史的编撰。贞观年间的当代史主要有国史、实录、起居注三种体裁。

自贞观三年（629年）唐太宗在门下省北始置史馆，创议由宰相监修国史，对国史的修撰予以高度的重视，史官的地位与待遇也有所提高，首任监修官即是宰相房玄龄。房玄龄为人正直，史官李延寿、邓世隆、顾胤在当时亦有很好的声誉，因而由他们撰写的国史基本上能做到秉笔直书。只是到了许敬宗“掌知国史，记事阿曲”，敬宗以个人恩怨为他人立传，又受人贿赂，因而为封德彝立传时，“盛加其罪恶”，“虚美隐恶”的事例颇多。“高祖、唐太宗两朝实录，其敬播所修者，颇多详直，敬宗又辄以己爱憎曲事删改，论者尤之”。正如《史通·正史》所评论的那样：“所作纪传，或曲希时旨，或猥释私憾，凡有毁誉，多非实录。”贞观时期秉笔直书的传统，由于许敬宗的劣行而遭到破坏。

唐代的国史先后修撰8次，第一次在贞观初年，姚思谦撰纪传体国史30卷。

同唐太宗重视当代史书撰写相联系的，是唐太宗还十分重视起居注和实录的撰写。唐代史馆的任务，是修前朝和本朝的国史。史官包括专职或兼职两种，名称为修撰、直馆，专职史官较少。起居注是“录天子法度”的编年体史书之一，以年时月日为序记事，“凡天地日月之详，山川封域之分，昭穆继代之序，礼乐师旅之事，诛赏废兴之政皆本于起居注，以为实录”。起居注这种史书体裁，始于汉代，汉武帝有《禁中起居注》，东汉明德马皇后撰有《明帝起居注》；后代沿袭，唐初有温大雅的《大唐创业起居注》三卷，流传至今。

唐初沿袭隋制，在中书省置起居舍人二员，另置起居郎二员。起居郎掌录皇帝起居法度，相当于古代的左史；起居舍人掌录皇帝制诰，相当于古代的右史，退而编录起居注。

唐太宗即位后，扩大起居注官员，常常以他官兼任，称“知起居注”“知起居事”。如给事中杜正伦、谏议大夫褚遂良等人，均曾“兼知起居事”。唐太宗对于起居注官员的秉笔直书是予以鼓励和表彰的。据《旧唐书·杜正伦传》记载，贞观二年（628年），杜正伦拜给事中，兼知起居注。唐太宗尝谓侍臣曰：“朕每日坐朝，欲出一言，即思此言于百姓有利否，所以不能多言。”

“君举必书，言存左史。臣职当修起居注，不敢不尽愚直。陛下若一言乖于道理，则千载累于圣德，非直当今损于百姓，愿陛下慎之。”杜正伦进言答对。对于杜正伦的答对，唐太宗大悦，赐绢二百段。

总之，唐太宗重视“以古为鉴”和唐代在撰写史书上所取得的成就，都是前人所不及的。尽管他曾有过索读本朝国史和起居注、实录的不妥之举，但从总体上看，他是秉笔直书原则的维护者。在贞观年间，秉笔直书原则作为唐太宗与史官们的共识，大体上被贯彻执行。

自西周初年周公旦的“制礼作乐”以来，历代王朝的统治者，在建国以后无不重修礼乐。唐王朝亦不例外。如果说周代所存的六代乐之一《大武》是表现周武王姬发克商的乐曲和舞蹈，那么，《秦王破阵乐》则是表现唐太宗李世民平定天下武功的乐曲和舞蹈。据《隋唐嘉话》记载，《秦王破阵乐》产生于李世民平定刘武周，收复并、汾故地后，“河东士庶歌舞于道，军人相与为《秦王破阵乐》之曲”，庆祝对刘武周作战的胜利。这一记载表明，《秦王破阵乐》亦含有乐曲和舞蹈两方面的内容。

唐王朝建国之初，首要任务是平定天下，来不及制定新的礼乐，因而在燕享时沿用隋朝的“九部乐”，即：燕乐、清商、西凉乐、扶南乐、高丽乐、龟兹乐、安国乐、疏勒乐、康国乐。唐高祖武德九年（626年），天下已经平定，正月己亥日，高祖“诏太常少卿祖孝孙等更定雅乐”，为大唐王朝制定新乐。

贞观元年（627年）春正月乙酉日，李世民改纪元为“贞观”，于丁亥日设宴宴请群臣。当时，大唐雅乐尚在制定之中，宴会上奏《秦王破阵乐》。该乐曲歌颂秦王平定天下武功，李世民听了当然十分高兴。然而，这毕竟是一曲“武乐”；此种场合，应当奏“文乐”，但大唐雅乐又未制成。为此，唐太宗向群臣们解释说：“朕首受委专征，民间遂有此曲，虽非文德之雍容，然功业由兹而成，不敢忘本。”

右仆射封德彝奉承唐太宗，说道：“陛下神武平海内，岂文德之足比。”

封德彝这句奉承话，并未能讨得唐太宗的欢心，因为这违背了“偃武修文”的治国方略，唐太宗不得不予以拨正，说道：“戡乱以武，守成以文，文武之用，各随其时。卿谓文不及武，斯言过矣！”

封德彝没有料到奉承皇上反而碰了一鼻子灰，不得不顿首认错。

太常少卿祖孝孙是当时著名的音乐大师，他受命制定《大唐雅乐》，所遵循的原则是吸取古代音乐的精华，融南朝与北朝的音乐于一炉，以适应大唐王朝统一天下后新形势的需要。唐太宗即位后，又诏令协律郎张文收与祖孝孙共同修订，并于贞观二年（628年）六月修订完毕，这就是史书所记载的“太常少卿祖孝孙，以梁、陈之音多吴、楚，周、齐之音多胡、夷，于是斟酌南北，考以古声，作《唐雅乐》，凡八十四调、三十一曲、十二和。诏协律郎张文收与孝孙同修定。六月，乙酉，孝孙等奏新乐”。

当祖孝孙将修订的《大唐雅乐》上奏后，唐太宗对大臣们说：“礼乐者，盖圣人缘情以设教耳，治之隆替，岂由于此？”

御史大夫杜淹颇有异议，说道：“齐之将亡，作《伴吕曲》；陈之将亡，作《玉树后庭花》，其声哀思，行路闻之皆悲泣，何得言治之隆替不在乐也！”

唐太宗不赞同杜淹的观点，说道：“不然。夫乐能感人，故乐者闻之则喜，忧者闻之则悲，悲喜在人心，非由乐也。将亡之政，民必愁苦，故闻乐而悲耳。今二曲具存，朕为公奏之，公岂悲乎？”

尚书右丞魏徵发挥唐太宗“缘情以设教”的观点，说道：“古人称‘礼云礼云，玉帛云乎哉！乐云乐云，钟鼓云乎哉！’乐诚在人和，不在声音也。”

唐太宗对魏徵“乐在人和”的观点颇为欣赏。据《旧唐书·张文收传》记载，协律郎张文收曾向唐太宗建议“厘正太乐”，唐太宗没有同意，并且说道：“乐本缘人，人和则乐和。至如隋炀帝末年，天下丧乱，纵令改张音律，知其终不和谐。若使四海无事，百姓安乐，音律自然调和，不藉更改。”

唐太宗的“乐本缘人，人和则乐和”以及“缘情以设教”等观点，表明他对乐的本质及其社会功用有着颇为深刻的认识。这种认识，也反映在他对《破阵乐》和《庆善乐》的制订和修订之上。

据载，贞观七年（633年）正月，更名《秦王破阵乐》为《七德舞》。所谓“七德”见于《左传》宣公十二年楚庄王语：“武有七德”，即“禁暴、戢兵、保大、定功、安民、和众、丰财”。《通鉴》胡三省注引《新志》：“《七德舞图》左圆右方，先偏后伍，交错屈伸，以象鱼丽鹅鹳。命吕才以图教乐工，百二十八人，披银甲执戟而舞。凡三变，每变为四阵，象击刺往来，歌者和，曰《秦王破阵乐》。”可见，《秦王破阵乐》有歌有舞，内容是颂扬唐太宗的武功。

贞观七年（633年）正月（癸巳日），唐太宗在玄武门宴请三品以上官员以及州牧、蛮夷酋长，“奏《七德》《九功》之舞”，唐太宗颇为得意。见此情景，太常卿萧瑀上言说：“《七德舞》形容圣功，有所未尽，请写刘武周、薛仁果、窦建德、王世充等擒获之状。”

唐太宗没有采纳萧瑀的意见，因为刘、薛、窦、王当年的一些部下如今已成了唐王朝的文臣武将。如果在乐舞中表演刘、薛、窦、王等人被擒拿时的状貌，势必会伤害这些人的感情，因而唐太宗解释说：“彼皆一时英雄，今朝廷之臣往往尝北面事之，若睹其故主屈辱之状，能不伤其心乎！”

萧瑀闻听后，马上意识到自己的失言，说道：“此非臣愚虑所及。”

唐太宗的这番话表明，他确实遵守了乐在“人和”的原则，把乐舞的社会效果放在第一位。主张“偃武修文”的魏徵，每当侍宴演奏《七德舞》时，他总是低下头来，而演奏《九功舞》时，他则高兴地抬头观看。这就是史书所记载的“魏徵欲上偃武修文，每侍宴，见《七德舞》辄俯首不视，见《九功舞》则谛观之”。

《九功舞》是唐代的“文舞”，创作于贞观六年（632年）。此时，唐太宗的“贞观之治”已大见成效，九月己酉日，李世民临幸庆善宫，庆善宫是唐高祖李渊在陕西武功的旧宅，唐太宗李世民的出生地。唐太宗效法汉高祖刘邦衣锦还乡，宴请并赏赐闾里故旧，见景生情，感怀颇多，赋诗十首（汉高祖刘邦当年在故乡所作的《大风歌》仅一首三句），命音乐大师、起居郎吕才为诗谱曲，名为《功成庆善乐》。唐太宗又效法刘邦命童子唱《大风歌》伴唱起舞的做法，令64名童子（分为8列，每列8人），头戴进德冠，身穿紫袴褶，长袖，漆髻，屣履而舞。这种舞蹈，打扮文雅，舞步徐缓，乐曲悠扬，因其“以象文德”，故曰“文舞”，与手执戟“击刺往来，发扬蹈厉，以象武功”的《七德舞》即所谓“武舞”截然不同。自此后，每当有大的宴会，唐太宗都使令乐工将《庆善乐》《九功舞》与《破阵乐》《七德舞》“偕奏于庭”。

《庆善乐》与《破阵乐》作为唐朝初年的文舞、武舞，前者“广袖曳屣，以象文德”，后者“被甲持戟，以象战事”，是唐太宗文治武功的象征。这两部乐舞的歌功颂德，不仅可以使唐太宗在精神上得到欣慰与满足，而且有助于巩固和安定唐王朝的天下。

颁行《贞观新礼》是唐太宗为巩固唐王朝而施行的又一重要措施。早在隋统一中国后，隋文帝曾“命太常卿牛弘集南北仪注，定《五礼》一百三十篇”。唐高祖于建国之初，有鉴于“礼典湮缺”，而大丞相府司录参军窦威又“多识朝廷故事”，因而命他“裁定制度”，被高祖称为“今之叔孙通也”。唐太宗即位后，偃武修文，于贞观二年（628年）诏中书令房玄龄兼任礼部尚书，令他召集礼官学士对隋朝所定的五礼130篇进行修订。第二年，魏徵被任命为秘书监，也参与了这项工作。至贞观七年（633年），修订工作完成，所修订的《贞观新礼》篇目与《隋礼》大体相同，唐太宗始令颁示。

贞观七年（633年）后，围绕着“封禅”大典的争论，意见纷纭。有关封禅的典礼，自秦始皇“封禅”时便争论不休，由于涉及古礼，因而是一个说不清楚的问题。由于有封禅大典的争论，重新修订五礼又被提到议事日程之上。唐太宗命房玄龄、魏徵、王珪等主持修订五礼，并请著名学者如颜师古、孔颖达、李百药、令狐德棻参加这项工作。其中，学识渊博的孔颖达起了重要的作用，“与朝贤修定五礼，所有疑滞，咸谘决之。”贞观十一年（637年）三月，“房玄龄、魏徵上所定《新礼》一百三十八篇。丙午，诏行之”。唐太宗在将《新礼》诏颁天下的诏书中说：“广命贤才，旁求遗逸，探‘六经’之奥旨，采三代之英华，古典之废于今者，咸择善而修复，新声之乱于雅乐者，并随违而矫正。”

《贞观新礼》书成后，唐太宗为褒奖孔颖达在修订工作中的突出贡献，给孔颖达“进爵为子，赐物三百段”。唐太宗很看重《新礼》的修订和颁行，认为这是他有功于当世，堪为后世效法的一件大事，因而与周公的制礼作乐相提并论，说道："昔周公相成王，制礼作乐，久之乃成。逮朕即位，数年之间，成此二乐（指《破阵乐》《庆善乐》），五礼又复刊定，未知堪为后代法否？"

魏徵当即说道："拨乱反正，功高百王，自开辟以来，未有如陛下者也。更创新乐，兼修大礼，自我作古万代取法，岂止子孙而已。"

魏徵在唐太宗面前的这一番话，并非是阿谀奉承，也不是因为他是修订《新礼》的主持人之一，而是强调礼乐对治国的作用，把礼乐视为他所提出的"偃武修文"的重要内容之一，意在使唐太宗坚定地执行偃武修文路线。而唐太宗的一番话，表明他是把制礼作乐视为实现天下大治的重要标志之一。

唐太宗重视"礼"的作用，除了修订"五礼"（即《吉礼》《宾礼》《军礼》《凶礼》《嘉礼》），颁行《贞观新礼》外，又很注重以礼约束君臣的言行，维护封建等级制度。唐太宗盛赞魏徵："魏徵每言，必约我以礼也。"皇帝既然能自觉地接受礼的约束，因而在贞观时期的君臣之间，以礼相约已成为一种风气，事例不胜枚举。据《贞观政要·礼乐》所载，礼部尚书王珪之子王敬直娶唐太宗女儿南平公主为妻，王珪"遂与其妻就位而坐，令公主亲执巾行盥馈之礼，礼成而退，唐太宗闻而称善。是后公主下降有舅姑者，皆遣备行此礼。"《贞观政要》又载："礼部尚书王珪奏言：'准令三品以上遇亲王于路，不合下马。今皆违法申敬，有乖朝典。'"唐太宗却认为这是："卿辈欲自崇贵，卑我儿子耶！"经魏徵谏诤，"唐太宗遂可王珪之奏"。又如，唐太宗的爱女长乐公主为长孙皇后所生，出嫁时“敕有司资送倍于永嘉长公主”。永嘉长公主是高祖李渊的女儿，唐太宗下令主管官员，使长乐公主的嫁妆是永嘉长公主的一倍，被魏徵认为不妥。在魏徵的谏诤下，长孙皇后闻知以后又明确表示赞赏魏徵“真社稷之臣”，唐太宗终于收回成命，赞赏魏徵的“正直”。

唐太宗注重以礼来调整君臣之间的关系，把礼作为调整统治阶级内部关系的准则，这在贞观年间已形成为一种风气，事例颇多，为贞观之治起到了重大的促进作用。此外，唐太宗还把礼作为移风易俗的准则。《贞观政要·礼乐》载：“贞观五年，唐太宗谓侍臣曰：‘佛道设教，本行善事，岂遣僧尼道士等妄自尊崇，坐受父母之拜，损害风俗，悖礼乱经，宜即禁断，仍令致拜于父母。’”

唐太宗注重发挥礼乐对治国的重要作用，把礼乐视为偃武修文的重要内容之一，这不仅促成了贞观之治的出现，也推动了礼乐研究的繁荣。除《贞观新礼》外，研究《周礼》《仪礼》《礼记》的成果亦有很多，魏徵的《类礼》20篇即是其一，他因此而得到唐太宗的赏赐，被“藏之秘府”。除《破阵乐》《庆善乐》外，音乐学家张文收的《新乐书》10余篇，亦是当时研究音律的名著之一。

同大兴礼乐、移风易俗有一定联系的，是唐太宗为破除旧有的门第观念，下令重新修订《氏族志》。

魏晋以来的门阀制度到南北朝末期已日趋败落，然而与此相关的门第观念，在社会上仍有很大的影响。李渊父子作为关陇军，是贵族成员之一，在夺得国家政权之后，关陇世族地主的政治地位同山东、江南的世族地主相比，无疑要高得多。然而，昔日山东的世家大族如崔、卢得到了迅速的恢复和发展。

卢、李、郑、王等世家大族，在社会上仍有较大的名望。反映在婚姻的缔结上，唐初的一些公卿宰相，为抬高自己的社会地位，甘愿陪送大笔资财，与日趋衰微的山东世族联姻，对与皇帝宗室缔结婚姻往往采取消极的态度。唐高祖对此曾发出“关东人崔、卢为婚，犹自矜伐”的不满；唐太宗与大臣们“尝语及关中、山东人，意有同异”。唐初进入上层统治集团的一些庶族地主，尽管有很高的政治地位，由于没有门望，有时也难免受到出身于旧世族贵族的奚落。

李唐宗室、关陇贵族以及新近进入上层统治集团的庶族地主同山东旧世族以及旧的门阀观念的这种矛盾表明，旧有的门阀观念同唐初的上层建筑是不相适应的。为提高皇室和新兴官僚地主的门望，唐太宗决定通过重修《氏族志》来解决这一问题。

据《贞观政要·礼乐》记载：贞观六年，唐太宗对尚书左仆射房玄龄道：“比有山东崔、卢、李、郑四姓，虽累叶陵迟，犹恃其旧地，好自矜大，称为士大夫。每嫁女他族，必广索聘财，以多为贵，论数定约，同于市贾，甚损风俗，有紊礼经。既轻重失宜，理须改革。”于是，唐太宗诏令吏部尚书高士廉、御史大夫韦挺、中书侍郎岑文本、礼部侍郎令狐德棻“刊正姓氏，普责天下谱牒，兼据凭史传，剪其浮华，定其真伪，忠贤者褒进，悖逆者贬黜，撰为《氏族志》”。

在高士廉等人编撰的《氏族志》中，黄门侍郎、山东崔民干被列为第一等，这使唐太宗大为恼火。他怒气冲冲地说：“汉高祖与萧、曹、樊、灌，皆起闾阎布衣，卿辈至今推仰，以为英贤，岂在世禄乎！高氏偏据山东，梁、陈僻在江南，虽有人物，盖何足言！况其子孙才行衰薄，官爵陵替，而犹冒然以门第自负，贩鬻松檟，依托富贵，弃廉忘耻，不知世人何为贵之！今三品以上，或以德行，或以勋劳，或以文学，致位贵显。彼衰世旧门，诚何足慕！而求与为婚，虽多输金帛，犹为彼所偃蹇，我不知其解何也！今欲厘正讹谬，舍名取实，而卿犹以崔民干为第一，是轻我官爵而徇流俗之情也。”

高士廉等人没有领会唐太宗下令重修《氏族志》的意图，没有遵照唐太宗的指示去撰写，结果遭到唐太宗的严词指责。唐太宗责令高士廉重新刊定，“专以今朝品秩为高下”。遵照这一原则重新所撰写的《氏族志》，高士廉等人将皇族定为第一等，外戚为第二等，崔民干则降为第三等，共293姓，1651家，把“官爵高下”作为划分氏族等级的主要标准，并获得唐太宗的认可，颁于天下。

唐太宗通过修《氏族志》，实际上是为了借此来提高皇族、外戚、关陇世族以及庶族出身的功臣官僚的门阀地位，使他们的门望在社会上得到人们的承认。这是唐太宗在意识形态领域对旧有的门阀观念斗争的胜利，其实质是以关陇世族的门阀观念取代山东世族的门阀观念。这一切，在客观上有利于提高唐初统治集团的政治地位，对于巩固唐王朝的中央集权统治是有其积极意义的。

## 海纳百川，八方来客

史书记载：贞观年间“官吏多自清谨。制驭王公、妃主之家，大姓豪猾之伍，皆畏威屏迹，无敢侵欺细人。商旅野次，无复盗贼，囹圄常空，马牛布野，外户不闭。又频致丰稔，米斗三四钱，行旅自京师至于岭表，自山东至于沧海，皆不粮，取给于路。入山东村落，行客经过者，必厚加供待，或发时有赠遗。此皆古昔未有也”。

唐帝国是当时世界上最为文明强盛的国家，首都长安是世界性的大都会，就像今天的美国纽约一样。那时的唐帝国是世界各国仁人志士心目中的“阳光地带”，各国的杰才俊士冒着生命危险也要往唐帝国跑。来自世界各国的外交使节，在看到唐帝国的高度繁荣和文明之后，自己的国家在他们心中和没有开化的“原始森林”差不多，于是就不想回国，千方百计地要留下。

中国高度发展的文化，使得来到中国的各国人民，大多数以成中国人为荣。不仅首都长安，全国各地都有来自国外的“侨民”在当地定居，尤其是新兴的商业城市，仅广州一城的西洋侨民就有二十万人以上。贞观王朝是中国历史上少有的开放王朝，外国人入境和中国人出境并没有太严格的限制，既不担心中国人出去后忘本忘祖，也不担心外国人进来后喧宾夺

主。仅这一点就说明贞观王朝的高度自信，深信自己的国家是世界上最文明富强的国家，不担心外来文化把自己淹没。贞观王朝的国民素质是如此之高，对外国侨民既不歧视也不奉迎，既不盲目排外也不“拿来主义”，一副不卑不亢的大国民气度和王者风范。外国人在中国就像中国人在自己家里一样，享有和中国人一样的公民权利，不但可以发财致富，还可以从政当官。

唐帝国除了接受大批的外国移民外，还接收一批又一批的外国留学生来中国学习先进文化。仅日本的官派公费留学生就接收了七批，每批都有几百人，民间自费留学生则远远超过此数。这些日本留学生学成归国后，在日本进行了第一次现代化运动——“大化改新”，也就是中国化运动，上至典章制度，下至服饰风俗，全部仿效当时的贞观王朝。

贞观王朝是中国历史上贪污最少的王朝，这也许是李世民最最值得称道的政绩。在李世民统治下的中国，皇帝率先垂范，官员一心为公，吏佐各安本分，滥用职权和贪污渎职的现象降到了历史上的最低点。尤为可贵的是：李世民并没有用残酷的刑罚来警告贪污，主要是以身示范和制订一套尽可能科学的政治体制来预防贪污。在一个精明自律的统治者面前，官吏贪污的机会很少，贪官污吏也不容易找到藏身之地。

中国封建体制的主要特征是权力高度集中，地方服从中央，中央又唯皇帝马首是瞻。这种高度集权的政治体制极大地限制了国民的创造性、主动性和灵活性，且极易酿成暴政。

唐朝的强盛给统治者在对外关系上带来了无比的自信，因而唐朝开放程度很高，路上、海上的丝绸之路贸易兴盛，举世闻名的“丝绸之路” 是联系东西方物质文明的纽带，可这条商业通道在唐帝国时才达到它的最高使用价值。唐帝国的疆域空前辽阔，在西域设立了四个军事重镇（安西四镇），西部边界直达中亚的石国（今属哈萨克斯坦），为东西方来往的商旅提供了安定的社会秩序和有效的安全保障，使丝绸之路上的商旅不绝于途，品种繁多的大宗货物在东西方世界往来传递，丝绸之路成了整个世界的黄金走廊。从而唐朝也成为当时世界最为强盛的国家之一，很多国家都派使节前来朝拜、俯首称臣。中华民族在贞观年间也达到了空前的繁荣和昌盛，从而也确立了唐朝在世界文明史上的重要地位。

# 后 记

所谓“盛世”，在历史上是指中国社会发展中一些特定的阶段，是国家从大乱走向大治，在较长时间内保持繁荣昌盛的时期。在中国两千多年的封建历史长河中，出现过很多这样的“盛世”阶段，从“文景之治”到“武帝之治”的汉朝盛世、从“贞观之治”到“开元全盛”的大唐盛世以及清代的“ 康乾盛世”等。这些时期，一方面确立了中国传统“盛世”概念的基本内涵，另一方面也都没能避免“盛极而衰”的结局，因而给后人留下了无尽的话题与思索。

纵览历史，各个盛世都具有一个共同的特征，那就是国家统一、经济繁荣、政局稳定、社会安定、国力强大、文化昌盛等。为了更好地反映历史中的这些盛世风华岁月，我们策划编写了本套“盛世风华系列”丛书，丛书选取了中国历史上的“十大盛世”进行编写，主要讲述了那些为中国历史的发展进程起到不可或缺作用的历史事件和人物故事，内容精彩，可读性强。

“盛世风华系列”丛书在编写的过程中参阅了大量文献资料和研究成果。同时，为了全面准确地传递知识，还特选部分精美图片辅助说明，但由于文字图片权源分散或作者不详，无法与诸权利人一一联系。鉴于以上原因，该系列丛书编者为尊重作者权益，我们真诚地期望本书所用资料的权利人与我们取得联系，提供有效的版权证明并领取相关使用费。特此声明并为不周处先此致歉！

邮箱：AAA@sina.com　联系人：若木。